Beautiful Life

Beautiful Life

空間與心靈的淨化整理

一天一清理，整頓空間、梳理心靈，
讓人生不斷翻新的日常練習

Your Spacious Self

史蒂芬妮·班內特·沃格特（Stephanie Bennett Vogt）／著

沈台訓／譯

目錄 — Contents

PART II

意向：轉移焦點

PART III

行動：慢才能快

PART IV 非認同：做個觀察者

PART V 同情：此刻的好感覺

PART

VI

智慧：展現你的真實自我

序言

我們肯定願意擺脫我們業已安排的生活，以便擁有在眼前等待著我們的生活。

——喬瑟夫．坎貝爾（Joseph Campbell）

我感到窒息。放眼所見，到處都堆著東西……而這些東西正緩緩地把我給掐住，快要讓我窒息而死了。

然後我就得了尋常小感冒，喉嚨有點痛，我把原因歸咎於聖誕假期的壓力使然；接下來我開始發燒，一直咳個不停，以致於很難入睡，而且生平第一次鼻竇發炎，實在很痛苦，我覺得自己就要瘋了。我吃的藥，如果是幫助緩解頭痛的，就會搞得胃無比難受，彷彿只要去補某個破洞，就會從另一個地方又漏出水來；我感覺自己就像一艘行將擱淺的小舟。

急著想快快好起來，我用上了任何想得到的方法：抗生素、順勢療法、藥草茶與藥酒，以及維他命藥丸。我大聲吼叫，運動四肢，讓自己出汗，但沒有一樣有效。我無法忍受自己如此病懨懨。受不了只是這樣躺在床上、無計可施，只能怨天尤人，也受不了不清楚自己到底著了什麼道。

在那個時期，我面對任何生活挑戰的作法，總是遵循一個邏輯程序：只要某件事不對勁，我就去搞定它。想辦法解決它、強迫或企圖使它改變，如果非得這麼做的話……反正你會為它做個什麼事情就對了。對於我的身體擁有無限的智慧，清楚知道該做什麼來治療它自己並由此重新獲得平衡，當時我對此可說毫無概念。身體如同家屋一般，當它周旋在我們所做的選擇與自然法則之間時，它始終處在不斷追求平衡，以及創造、調整的狀態。要是選擇去聆聽它的話，所要做的事就是退到一邊去，讓它自己去完成！

最後我全身長滿了疹子，似乎是為時一個月悲慘鬧劇的圓滿結局。這最後一根稻草真的讓我很悽慘，以至於覺得一切都很好笑。而因為終於可以自嘲，我也開始放手隨它去，出於意料的是……我卻逐漸痊癒了。

事後想來，我可以明白，我的身體只是反映了累積起來的巨大壓力，而這是好幾年來，我一直不願去承認的。壓力是一系列事件累加的衝擊，包括有：二十年的教書生涯、四年的侵入性人工受孕治療，以及從一個住了九年的社區，搬到一個通勤時間更長的新城市裡的新家，所帶來的大變動。毫無疑問地，我不斷堆積下來的雜物，也是這一場我作弄出來的「完美風暴」的重要原因之一。當時我四十二歲，身兼母親、妻子、老師等角色，完全精疲力盡！我不再知道自己是誰，或熱愛的事物為何。我失去了方向，無法感受到內心的渴望，我迷失在人生的道路上。

我們有時會陷在自己的思緒中無法自拔，以至於需要一場大整頓來喚醒我們的注意力。那年冬天所遭遇的病痛危機，讓我理解到，我嚴重地與自己的真實自我脫節。我知道，如果不馬上處理這些早期警訊的話，事情只會更加惡化下去。

所以我做了難以置信的決定——遞出辭職信。我離開波士頓一家聲譽卓越的學校的教職工作。當時我正處於職業生涯的顛峰，但就這樣二話不說地跟自己二十年的資歷說再見，一併揮別了資深的職位、每月支領的薪水、完整的福利，還有已經像家人般的同事朋友……一頭栽進令人恐懼、一無所知的虛空之中。

我當時的腦子裡到底在想什麼啊？

什麼都沒想。這是為何我可以做得到的原因。

對於一個緊緊連結於固定工作、專業身分與財務安全的人來說，突然間就把插頭拔掉，可說完全不是件小事。在辭職後的頭幾個月，我所能做的就是為自己故意瓦解掉的、那些屬於過去的我的部分感到難過，渾然不覺我小小的喉嚨痛就像一顆小石頭，自此展開一場持續至今日的清理與轉型的雪崩。

在我拋開了大部分屬於個人與專業上的身分之後，才能觸碰到可以使我的心歡唱（與退縮）的事物：亦即，我的熱情、渴望與恐懼——我的混亂所在！對於像我這種超級潔癖控制狂的人來說，這個發現有如一把大槌子，重重敲在我原先的自我概念與世界觀上。

就像我丈夫曾經說過的：「改變總是慢慢醞釀，然後突然間一發不可收拾。」在我離職後的幾個月期間，我只是循著自己所知道的「一些作法」隨意過日子——有時候我會突擊一個抽屜，隨便清理一下；有時候做一些讓自己開心的事情；有時候也做一些完全沒意義的雜事。我並沒有什麼特定的模式，或者統一的原則或計畫，就只是讓我這艘「小舟」——如今已修好而且健康狀態也好多了——順水漂流，一邊尋找下一波強勁的水流。

雖然一開始的進展並不大，但我擺脫有形雜物的過程卻似乎越來越有組織，而且速度也愈來愈快：想在抽屜裡找一枝筆，但它完全擠在所有想像得到的文具當中（比如一盒未拆封的客製化鉛筆，那是我讀中學時獲得的獎品）；可是這麼一找，卻讓開始清理起那個抽屜，以及位在它下方的另一個抽屜；又讓我接著去整理書架，然後也整理起堆成一落的雜誌——裡頭有令人垂涎的食譜，但我卻從未參考它來做過一道菜。

為了找出一個塑膠製的食物保鮮盒，使我順手回收掉過多的幾十個沒有蓋子的優格杯子，把冰箱中的調味品統一擺在一起，並且扔掉冷凍室中覆滿了幾寸霜、不可辨識的食品。接著清掉記事板上黏答答的紙條、邊緣捲了起來的廣告單、過期的折價券、發舊的藝術畫作與橡皮冰箱磁鐵（宣傳除蟲服務）。這一切動作，促使我展開了早就應該進行的整修計畫：打掉廚房中的隔板牆、粉刷上一層顏色清新亮麗的油漆，重新迎接嶄新的生活。

從容易入手的事情做起，然後進入比較困難的整理工作，比如：說不定哪天就能夠再度穿得下的衣服（這從未發生過）、我女兒小時候可愛的嬰兒服、我所收集的紙火柴、我就讀研究所時的所有期末報告與課堂筆記，以及二十年來的教學講義與教具。

在我意識到之前，我的清理努力已經進展到不只是一連串隨機做做、讓我心情舒服的家事活兒而已。它成為一趟旅程，而且，這趟旅程遠非與所整理的「物品」有關，反而是在清理對於物品的執念。

從我的住家與生活中清除過多的物品，已經成為體驗清理經驗的啟蒙練習。認真地去感受，經過一個鐘頭到處搬動雜物後，自己的臉色可以如何充血發紅、身體可以到達怎樣的溼黏程度，或甚至感到有多噁心等情況。去感覺自己的腳有多痠痛，或者大清掃如何造成自己更加口渴與沒勁的情況。去體驗要丟掉某些東西時，自己所感受的難過、痛苦與困窘。在把東西放進回收桶，然後把桶子推到外面路邊，等待週五早上的垃圾車後，去體會清爽的住家所帶來的美好感受。全面而完整地感受自己的情緒，不要執迷於其中的波折，也不要認同它。

總之，我發覺，我並不需要去朝聖，或者到山頂上做冥想，才可以發現自己。我的家已經成為我的神殿，我的雜物就是我的導師，而我的自我發現之旅就從清理一只抽屜展開。假使人生的目的是忘卻所習得的知識與重新憶起所遺忘的事物，一如蘇菲智者（譯註，遵行蘇菲主義者）所言，那麼，我已不經意地遇上我的人生功課。我開始記起長久遺忘的一件事：我喜歡營造感覺舒服、滋養人心的美麗家居空間。正如當我年紀還小時，經常不斷地幫自己、幫我的洋娃娃，以及住在隔壁的朋友打造聖殿小屋；我可以把紙板箱子變成宮殿。

我的人生在過去二十年中所發生的精采事件，整個放在一起審視的話，可以簡單地看成是一個由自我所組織、非線性的研究所課程目錄。由於我相當好奇我們的生活空間是如何反映我們、影響我們與支持我們等大問題，於是發現了一個屬於風水學（當時還鮮為人知的知識）中，稱為「空間清理」的較為直觀的領域，並持續進行研究。我就教於這個領域中世界首屈一指的幾位專家，因此獲得了兩張進階等級的證書，並建立教學與諮商中心，以及開啟了寫作的熱情（我壓根兒從未期待過）。

我同樣相當著迷於種種的女性原則——臣服、感受力、自我疼惜、神祕傾向——而這些重點，都是我後來建立有關清理說法的基礎，所以我投注了大量時間去探究女性的靈性、瑜伽、冥想與能量治療，並重新展開對於遠距治療（distance healing）的形上學研究——我在青少女時期就開始對此有興趣，那時我還住在墨西哥城（Mexico City），那是我出生與成長的地方。

隨著我進行的所有研究、我的生活經驗與所獲得的機會，不得不說，這些年來埋頭清理的過程中，最有價值的精粹如下：無可取代的智慧，正是來自於——活在當下；若有陰影出現，張開雙臂迎接它；而且，時時刻刻帶著天真的好奇心面對世界。

對於人心的演進，並無任何速成課程。你不可能在商店買到身心清明與智慧，或是在實驗室中製造出來，也不可能接受訓練就得到。生活並非總是適合去整頓與包裝，而我們的經驗也非每過一天就會增長一點。完全沒有精心寫就的摘要重點，可以捕捉到這一趟旅程的精華，尤其當它涉及清理我們的混亂之時。這也是為何我花了好幾年才寫成本書的原因。

如果必須以三個詞來總結我所經歷的清理之路的根本精神，那就會是：**提升、釋放、顯露**。

我把這三個詞稱為我的「三要素」：清理能夠「提升」意識的覺醒；清理可以「釋放」執念；清理可以「顯露」始終存在於我們內裡的寬廣空間。這三要素彼此相契合，成為一個有機的整體。只要我們愈加意識到我們所緊抓不放的頑念，就擁有更多放開它的可能性。而愈能鬆手放開，就愈能感覺自己的空闊性。當我們感覺更為空闊，就更容易去清理下一堆雜物或下一個難題。聽起來不錯吧？

如果事情是這麼簡單的話，那也就沒有本書存在的餘地了。你可以現在立刻合起書，去「下手」進行清理的工程。事實上，混亂從來都不是簡單的。清理之路既亂七八糟又迂迴曲折，充滿不可預期的驚奇。整理雜亂物品，並非只像是上上課或減肥節食等一般的行動。它是一段幾乎不可能測度、量化或甚至描述的旅程。

不過，畢竟我是個經驗豐富的老師，熱愛有益的挑戰。我喜歡從事物中提煉深層的真理，並且以人們能夠理解與每日應用的角度，傳遞給人們一同分享。從近乎四十年的經驗中，我相信自己已經破解了這個難纏主題的密碼。我準備分享一切所習得的心得，並提供一個可資運用的清理模型，在訊息面上直穿人心，並且力求簡潔高雅；這個模型已經經過實際測試，並且以我的一生作為主要的經驗來源。

所以，本書也是從我的家到你的家的媒介；這本書由一名老師寫成，但她在這一條清理之路上，永遠都是孜孜學習的學生。本書是從與每個人相關、可以天天應用與享受的角度所寫成，並結合了古老的空間淨化智慧，與現代的混亂整理實務，希望達到兼容並蓄之效。

但願每一回你讀起本書，都能深深受到啟迪。希望它能協助你減輕與放開你所緊抓不放的花花世界的某個面向。但願本書能指引你、啟發你，以及支持你去發現你的真實自我。

致謝

完全沒辦法解釋，到底是什麼原因，讓我們這些人可以持續好幾年，一直彎腰駝背縮在一張難坐的辦公椅裡，只是為了將我們心中如此深信的事物注入活力；或是撐到最後一次校稿、改寫之後，才得以完整呈現出所要模塑的觀點；或是一直杵在那兒猶豫不決，身體各處關節開始僵硬，整個人腸枯思竭，而你愛的那些「巧思妙語」最後卻都只能廢棄不用。不得不擁有可見與不可見的眾多幫手，從宇宙四面八方神奇地聯袂而來，推動我們繼續向前走。

所以，我首先想要感謝無所不在的神聖大能，始終隨時待命，準備好要來提供指引與見證。而屬於我的高層次（空闊）自我也包含在感謝之列。對於存在於所有人內心之中的這個令人驚奇的面向，遠比我們所知都要寬廣巨大——我要感謝你不斷督促我們持續成長，讓我們發展成理該成為的個體。

謝謝藍迪・達維拉（Randy Davila）信任我的觀點，邀請我加入聖師出版社（Hierophant）這個大家庭，並且鼓勵我大膽整合兩本書的內容，以期能擴大讀者群，並幫助更多人。

我的編輯艾瑞克・布蘭特（Eric Brandt），衷心感謝你親切的鼓勵、傑出的洞見與堅韌的關愛，以及始終願意和我一同捲起袖子，不辭辛勞重新整理大量手稿，並努力完成工作。這並非只是簡單的材料更新而已，沒有你，我絕對無法竟其功。同樣感謝聖師出版社令人讚嘆的編輯與設計團隊，讓本書自然流暢、清晰易讀，而且熠熠發光！謝謝你們。

而本書如果沒有出版過前一個版本的話，也將不會有面世的一日。謝謝所有在早年支持我完成自費出版事宜的親友，讓我的「寶貝」得以降生：妮娜・金寶（Nina Kimball）、梅格・賀須伯格（Meg Hirshberg）、喬治・沃格特（George Vogt）、肯・里若特（Ken Lizotte）、克里斯・班菲爾德（Chris Banfield）、瑪莉・隆芭德（Mary Lombard）、蘇珊・佩吉（Susan Page），以及好多好多其他友人。對於購買過前一版本、從一開始就相信我的說法的讀者，非常感謝你們支持！我希望你們也會同意本書的內容更具活力，而且視野也更「空闊」！

深深感激開啟我走上這條覺醒之路、在我早年的空間清理歷程中啟發我，並擴大我的世界觀的所有老師。雖然無法一一列名感謝，但在此想要特別提及：艾瑞克・道賽特（Eric Dowsett）、蝶絲妲・祖克曼（Desda Zuckerman）、凱倫・京士頓（Karen Kingstone）、約翰・哈維・葛瑞（John Harvey Grey）、布魯克・喬依博士（Dr. Brugh Joy）、梅莉莎・方頓（Melissa Fountain）、凱薩琳・伍德沃得・湯瑪斯（Katherine Woodward Thomas）、克萊爾・扎米特（Claire Zammit）、班比・瑞奇蒙德（Bambi Richmond）與珍妮・麥克金（Janey McKim），以及在「女人之泉」（Women's Well）的所有好姊妹。

對於跟隨我加入這場清理探險之旅的所有讀者、學生與客戶，你們面對挑戰的成功故事、你們充滿支持與鼓勵的電子郵件，以及對於放手的承諾與勇氣，天天都帶給我啟發的力量。謝謝你們！

對於我的靈性姊妹，我要大聲呼喊我的感激之情：蝶絲妲・祖克曼，謝謝妳的療癒天分與這些年來我們所共享的、令人驚奇的哲思遊戲；蘿絲・索恩（Rose Thorne），謝謝妳邀請我作為大使夫人，加入妳那不同凡響的義大利家族與世界之中；莉莎・麥克唐奈（Lisa McDonnell），謝謝妳無止盡的支持與友誼；以及南西・謝皮若（Nancy G. Shapiro），謝謝妳對本書企畫的信心與興奮，並且在我奮力成書期間始終陪伴左右。謝謝妳們豐富了我的生命。

我的父母莎朗（Sharon）與吉姆．班內特（Jim Bennett），謝謝你們以如此美麗的家居空間扶養我長大，並且在我如此年少之時，就讓我離家闖蕩，這使我能夠去發現自己生來何用。

我歡喜燦爛的紅髮女兒卡蜜拉—賓恩（Camilla-Bean），謝謝妳教導我放鬆與放手；在這方面，妳比我迄今的任何老師都還出色。看見妳帶著如此深的自覺、幽默與慈悲長大成人，作為妳的母親，真的感到無比榮耀與欣喜！

而我最好的朋友與永遠的甜心傑（Jay），謝謝你在我長期探求這一片廣大無垠（有時變動不居）的未知之海時，作為我的堅固磐石與我的海岸線。親愛的，謝謝你與我共度這樣一段既讓我們神經緊繃，也使我們開懷歡笑的人生時光。

PART

I

覺醒：調整意識的頻率

人的成長過程如同一間迎賓屋。
每個早晨都有一名新人到來。
喜悅、憂鬱、卑鄙，與某種瞬間的覺醒，
一如意外的訪客先後前來。
歡迎與款待所有這些賓客！

——魯米（Rumi）

01 清理的覺悟

忙碌的人非常感激可以停下腳步，品嚐永恆的滋味。

——瓊恩・波莉森珂（Joan Borysenko）

我兩眼模糊、心思飄得老遠，在等待咖啡煮好的這段期間，總是一邊做著向來在做的事：我會從瀝水盤上，一次拿一個，把乾淨的碗盤取出來，然後一一收好。

在這個特別的早晨，我體驗到某種之前未曾意識到的事情：當我把這些鍋碗瓢盆最後一個也整理好的六十秒之內，我注意到，腦子裡的混亂糾結已經打開，心情也變好了。而且是好很多。原本籠罩我的迷霧已經散開，而我的心境也豁然開朗起來。

發生了什麼事？我甚至都還沒喝咖啡提神！

事情是這樣的：來自於我成年之後幾乎每天重複的家務儀式，為我注入了某種空闊的感受；而這樣的經驗，僅僅依靠有意識地去覺知，就能成形與駕馭。

實情是，每次當我把碗盤收好，或把洗好的衣服一件件晾乾或折好，我都經驗到一股空闊的感受在胸臆間膨脹開來。當我在一天末了，把客廳裡或書桌上的空杯子一一收去洗，就會體會到這樣的轉變。同樣地，當我在處理考驗耐性的惱人小問題，比如換燈泡、縫釦子或修理吱吱作響的門板，也會有這種感受出現。我早已投入很多時間在談論，簡單的小動作如何能夠改變我們的生活空間、我們的生命與我們的世界的能量。

我注意到，每次當我教導學員可以在家親身嘗試去做某件事，或者在部落格上談論如何培養一個清爽的家居空間與寬闊的生活態度，我所寫作與教授的那些作法，其中流露出的優雅簡潔氣息，每每會影響到我自己本身。

在我更為投入寫作生涯之際，我沒有料到自己會去回應某些十萬火急的問題：比如來自人們——主要為女性——充滿苦惱的呼求；他們渴望釋放心中所感受的壓力，渴盼能夠與更深層、更有意義的事物產生聯繫。

在我所到之處，我看見人們流露一股對單純生活的盼望，可是卻完全不清楚從哪裡開始；人們想要身心平衡並涵養自我疼惜的習慣，但卻對於如何實作毫無概念。如果根本沒有時間巧妙處理這樣的棘手問題，遑論去清理首先導致我們感覺被吞沒的那些雜物與念頭！我所聽見的這些不安話語，聽起來如同一首怨語交響曲，此起彼落迴響著：

◎我被壓垮了。我沒有時間。我腦子好亂，或我沒辦法知道自己在想什麼。
◎我好羨慕那些可以把事情做完的人。
◎我已經完全不知道自己喜歡什麼了。
◎放慢腳步？你在開玩笑吧。
◎那我該從哪裡開始做呢？

毫無意外，我們步調快速的生活風格對身心系統影響至鉅。科技的演進日新月異，使我們能以前所未見的方式來進行溝通。我們時時刻刻遭受資訊的襲擊，卻時間有限，僅能處理其中一小部分的訊息。諷刺的是，旨在簡化我們生活的種種系統，反而似乎使我們的生活更加複雜起來。

如果還把如同漩渦打轉的「外界」噪音，加進始終在內心翻擾的混亂掙扎之中，那你就會燒壞線路，不斷處在啟動「戰鬥或逃跑反應」當中，而且大量的壓力化學分子會在身體系統裡面亂竄。

我想要寫出一本書，用來打通噪音之牆，並且能夠吸引與喚醒已經失控、在「噬人幻境」中某處兀自旋轉的心靈；這樣的一本書，可以開闢出一條羊腸小徑，通往靜謐悅人的廣闊空間，而如此的空闊體驗，不僅會隨著我們的意識延展開來，也能在內心最深的層次中感受到；並且瞬間就能傳遞出讓人感同身受的自在與安心。

本書正是為此目的而生。

不管你是潔癖控制狂、絕望的混亂製造機、停不下來的身兼數職大忙人、瞻前顧後的菜鳥、資深的專業人士或好奇的旁觀者——都歡迎你的到來！本書正是為你而寫。

02 這裡真是一團亂

當你簡化你的生活，宇宙的法則也會變得更簡單。

——亨利．大衛．梭羅（Henry David Thoreau）

以下是我所思考的事情：

你現在身上穿的是你不喜歡、並沒有使你更好看，或根本不合身的衣服（沒錯，還包括你的內衣在內）嗎？每次當你回到家或走進辦公室，你會低聲埋怨或滿心厭惡嗎？你早上醒來時，會擔心著什麼事情嗎？當你專為自己花時間做自己喜歡的事時，罪惡感是否油然而生？

這只是一些暖身用的問題。我真正想要了解的是：以上這些問題，是否有哪一個引逗出你任何一種身體上的感覺反應？比如，你挑起了眉毛？呼吸頓時緊繃起來？吞了一口口水或發出神經質的一笑？有衝動想要躲起來，還是直接面對，或者逃之夭夭？

你是否察覺到在能量層次上的變化？或是意識到房間給你怎樣的感受？你是否清楚知覺自己正處在覺醒的狀態？

歡迎你來到我的清理世界！

清理無關壓力或雜物

我們普遍都同意，太多數人都做得太多，或擁有超過我們所需要的事物。或者兩者皆是。隨著我們的生活整個捲入執念、憂慮，以及無止盡、機械化的「做做做」漩渦之中，我們的心靈也逐漸對於什麼要留下來、什麼要丟掉，以及重要與不重要的分野愈加模糊起來。作為人類，我們的天性是想要時時刻刻體驗清明與空闊的感受。當我們失焦、失衡、遺忘如何重拾平衡，難題就接踵而至。

所以，我們該如何使生活化繁為簡，或甚至去降低心理噪音的侵擾，拋開不再有用、不再支持我們的事物，而去接觸可以使我們的心歡歌雀躍的事物？

一次只要一分鐘，就從現在開始。

無論要做的工作或所花的力氣多麼微小，實情是，有意識地逐漸去清理任何東西，如同本書的教導，將可以創造出一種充滿活力的開放性——亦即一種空闊的感受——而這會慢慢在你身上產生作用，且必然會軟化你對於物品、信念與事情結果的執念。

不管你的混亂大挑戰是塞爆了衣櫥的衣物或腦子裡嗡嗡作響的噪音，抑或兩者皆有，我都確定知道的是——究其實質：

◎混亂的雜物（或內心的喋喋不休），並非難題所在。
◎我們並不需要修補我們自身。
◎沒有覺醒，就沒有清理。

容我詳細解釋。

事情最終其實無關乎處理那些見不得人的雜物，天知道堆在地下室發霉的什麼箱子，或者是不合身的衣服。

無關乎堆成小山的實體郵件、灌爆收件匣的電子郵件，或一落落保險公司拒絕給付的看病帳單。

無關乎要換新輪胎的車子、不降低音樂音量的瘋狂樓友，或社區裡徹夜鬼叫的狗。事情也與「修補」你自己無關。

事情無關於，你在面對那些沒人想洗、想收的碗盤所感到的絕望、瞬間愈列愈長的待辦事項清單，或是你根本沒有屬於自己的時間的事實。

無關於你感受不到任何希望、你沒辦法說不，或害怕有人發現你的黑暗祕密。

清理，完全無關於以上任何一項問題。清理，只涉及**你與這些問題之間的關係**。

真正的清理是發生在，難題與解答之間的空間上，這才是真正的關鍵所在。而如何去拋開所有對你行不通的作法？唯一的辦法是，進入那個有時顯得嚇人的領域——那就是「情緒」。

去感受窘迫、抗拒、執迷、罪惡感、悲傷、憂慮、絕望、羞恥……

感受所有的情緒，而且重點是不去判斷它的好壞，更不把它放在心上。

清理無關修補

我們不需要修補。我們的存在核心並無破損。作為人，我們只是和真實自我失去聯繫與失去平衡而已。延伸而言，我們的家屋與世界也因為我們的情況而失去平衡，並非外在環境造成我們失衡。

直到你能夠允許情緒從亂七八糟的混亂中浮現出來，而不試圖去修補、下判斷或認同它，那麼，正是在這個當下，你所經驗到、存在在那兒——在你的住家與生活之中——的混亂，就會神奇地消散一空。

無論你的混亂大挑戰是什麼，只要你能以這樣的方法進行清理，你就會開始注意到，有些轉變在生活中悄悄發生。你屆時會碰到的狀況有種種可能性。也許一開始出現了此前不曾存在的一小道裂縫空間，讓你窺見了光亮。也許是一記頓悟的靈光、一個善意的笑臉、一隻不再狂吠不休的狗、信箱裡出現一張意料之外的支票、垃圾郵件變少、體重減輕了幾磅、有新的工作機會上門來、比較不容易被觸怒、睡得比較好、更有活力、擁有更多的快樂。

更多的你。

更多真實的、空闊的你。

清理是一段旅程

直到你能夠把清理視作一場探險——那可以說是一場英雄之旅，它將引領你探索此前未曾踏入的內心空間。以下是幾個讓你從體驗中獲得更多收穫的方法。

意識要覺醒

如同你可能已經明白，或是很快就會發現，清理過程總是暗中地惹毛我們、讓我們瞬間抓狂，並且引逗出我親暱地稱之為「天氣」的氛圍。本書中的許多課程內容都有意輕輕製造出這種「情感性的天氣」——這是有意為之——好讓你可以直接體驗到你所擁有的行為模式為何。本書所列出的「清理練習」與寫有開放句子的「清理日記」，都是特別設計來準確點出與細察，在你的生活中那些受阻滯的情感、自我設限的信念與抗拒模式等區塊，好讓你能夠一一指認它們、感受它們，並**永遠拋開**來自它們的糾纏。

放慢步調與化繁為簡

如果你是個負載滿檔的工作機器，你可能得花一點時間去習慣本書所提供的作法。不要被這些簡單容易的作法給騙了。本書所提供的「慢工出細活」模式，若是在感覺上與你如同喜馬拉雅山一般高的壓力與雜物不搭調，那麼，請慢慢用心體會；完全一如字面意義所示，你的心會懂。然而，嘈雜貪婪的心靈——如同佛教徒所稱的「心猿意馬」——並不具備此處所需要的處理能力。

本書的作法相當有助於設下適可而止的清楚界線：在每一個課程與實作上，請限制你所花用的時間；只要你覺得疲倦或飢餓，就立刻停下來，好好照顧自己的健康。請喝大量的水，因為清理過程會流很多的汗。如果你需要協助來掌握時間與體力的耗損，就使用碼表。首要之務是，一切都要化繁為簡，只跟著你所知的去做即可。

反省與放手

在你進行清理時，寫下你的體驗（夢境、巧合的事件、頓悟的靈光），是我所知道，去承認與標示生活中所發生的轉變的最有效方法之一，尤其是在一開始感覺不到有多大的改變之時。

我的一個學生分享了他的經驗：「我實在很難在身邊放本日記寫什麼東西；我也很難認真去做清理的功課。可是今天好像突然開竅了。我寫了又寫，而所有的問題都指向一個答案——我找到出路了！」

請使用一本全新的日記本、筆記本或空白的冊子，來開始寫你的日記。用它來完整記載每日的沉思、設定目標、整合關鍵原則、探索問題、收羅你的想法與發想新點子。

最好是，在讀到本書每章末尾（或每天終了），你就以寫日記的方式，來下載、發洩、思索、反覆推想、整合、反省、抒發任何正發生在你身上的事情，那麼你就能拋開大量的心理與情感垃圾！

持之以恆

在這段旅程中，你幾乎預料會出現以下兩件事：第一，在你進行清理期間，無法預測會發生何事；第二，無論你的企圖心有多旺盛，如果你的腦子裡依舊潛藏心猿意馬的可能性，那麼將很容易故態復萌、挫折洩氣或完全迷失。

正因如此，我寫下了這些提醒你的作法，好協助你重回正軌。你可以將它記在日記中或寫在便利貼上。如果可以時時記得採用這些指導原則，天天去力行，我幾乎能夠保證，你將比自己想像中還要能清理掉更多的壓力與雜物。

◎**常保好奇之心**。以驚奇與好奇來面對你的生活。假裝你什麼都不懂，願意處處獲得驚喜。

◎**容許靜默**。靜默可以開啟感受之門，創造感受的機會。不用害怕沉默無語。

◎**迎接神祕**。我們沒有辦法預測何事會發生。接受生命的神祕，把它當作合理的存在狀態。

◎**好整以暇**。清理是一趟生活體驗的旅程，而非限期完成的任務。依照你的需求慢慢做，但是要持續進行下去。如果你匆促行事，將失去接觸活力泉源的機會。

◎**停下來感受**。每日的實作將為你開啟新訊息的到來。留意「情感天氣」的浮現，不要阻撓它，也不要認同它。

◎**不要認同情緒**。大部分你所感受到的情緒，都是來自過去、他人與來自你（與其他人）的生活空間所產生的阻滯的情感。直到你不會把這些情緒看成「屬於你自己的」，種種陰晴圓缺終會成為過眼雲煙。

◎**玩得開心**。別過於嚴肅看待你自己或任何發生的事情。減少對某項結果的執念，將使清理更加容易進行；而且也會提升你的能量水平、擴大你的視野，以及減輕你的負荷。

03 混亂究竟為何物？

一個人如果自己阻礙自己前進，那麼所有事物看起來也會阻礙他的前進。

——勞夫・沃爾多・愛默生（Ralph Waldo Emerson）

一開始，你會看到對方溜轉著眼珠，然後發出神經質的一笑，彷彿在說：**你根本不會想知道，我在地下室裡堆著什麼東西**。

當人們詢問我有關寫作與教學的主題後，我通常會得到上述這樣的反應。有些人甚至會變得很激動，彷彿我就要派出一支特警部隊立刻朝他們進攻，只因為**他們家裡堆了很多東西**。

相反地，如果我的回答引出了對方呆滯或無聊的表情，我就相當有把握認為，這個人無法與混亂議題產生關連，原因可能是他完全沒有由於過多雜物而苦惱，或是因為太忙而沒有留意到自己所擁有的物品。

然而，如果一提到混亂的雜物，就碰到對方一股刺痛的抗拒、激起情感負荷的波動，或投來一個空洞的眼神，指出了當事人內心容有深層的痛苦與羞恥，這就讓我很感興趣。正是這種「混亂」問題，會吸引我的注意，而我轄下的「特種部隊」個個都懷抱著滿滿的、溫柔的愛與同情，可以提供攻堅服務。

無論你的家務習慣與生活風格偏好屬於哪一種，如果你所棲居的身體失去平衡，成天不停胡思亂想，不時感到痛苦、迷失與恐懼，或此刻整個人陷入憂愁之中，那麼，你就中了「混亂」的毒。

混亂的多種面貌

從底下所挑出的說法樣本中，你可以看出，混亂呈現出多種形態。它通常重疊著有形雜物、心理噪音與情感負荷等面貌。你能辨別以下各個說法分別屬於哪一種混亂嗎？

「我試過好多方法來整理我家，比如接受生活教練輔導（life coach）、尋找垃圾清運服務、裝設漂亮的系統櫥櫃，總之我費了好大的功夫，但到頭來我通常還是落入混亂失序的狀態中。我只要處理起我的東西，心情就很糟。我會對每個人發脾氣，雖然我心底知道這不是他們的錯。」

「我老是在跟忙碌搏鬥……永遠都有人來向我要什麼東西，不管是時間、能量、金錢等。我幾乎總是有求必應，一心想要當個『好女孩』，希望自己被喜歡……可是，我最後總是感覺自己所剩無幾，不管是時間、能量或金錢。」

「我這輩子都在定計畫。為什麼我為了這麼多有希望卻從來沒有完成的計畫，準備了這麼多的東西呢？」

「我這顆自虐成性的腦袋，永遠停不下腳步。」

「我向來感覺煩躁、焦慮——但這不對，這不是我。而且一直以來我都很難搞、很痛苦。」

「好幾年都沒有人來我家玩。我真的很慚愧，情況怎會變得這麼糟。」

「我感覺被壓垮……我感覺（尷尬、悲傷、虛幻、罪惡感、無路可出、被壓得透不過氣、支離破碎、窒息、受困、腦子一片空白、心煩意亂、麻痺、焦慮、一敗塗地、絕望、孤立無助、脆弱……）」

你可以從以上的哪一個說法中，瞥見自己的影子？有哪一個引起你有意識的退縮反應，即便微乎其微？

如果有的話，你正好發現通往清理體驗的祕密大門。

重新界定「混亂」

首先，「混亂」指稱任何會阻礙你經驗到無比空闊自我的事物。它既是有形，亦是無形；任何會讓你感覺失焦、擾亂你的事物或念頭，都是混亂之源；它是會蒙蔽你的真實自我的設限信念；它也是受到阻滯的能量。

我對混亂的定義比慣見說法廣泛許多，我納進了人們緊抓不放、持續在生活中製造失衡的種種方式。我相信你一定在什麼地方存在著一、兩個問題；如果不是在你的家裡，那麼問題更可能潛藏在你生活中的某處。

第二，必定存在有混亂終結的狀態，以及空闊自我的狀態。而且你將發現，這兩者並非總是意義相同的。

「混亂」是一個相對性的詞彙。對某些人而言，亂七八糟的家屋或工作場所，可能具有滋養孕育的能力。而對其他人來說，卻可能引發厭惡或徹底不安的效果。你的家可能很美，所有東西各安其位，但卻依然是「混亂不堪」。為什麼呢？如果你（或之前的居住者）經驗到壓力、內心傷痛、受壓抑的情感，或你無法明白接納折磨你的難題，那麼，你就創造出一種獨特的混亂能量形態，可能只會對你、對你的住家與整個環境產生傷害性，甚至毒害性的效果。這種無形的混亂形態可以表現在種種方式之上，若想詳細談論，可能需要另一整本書的篇幅。就本書而言，我只簡單談及「心理混亂」與「情感混亂」兩大類。

如果你還不確定在家裡或生活中是否有混亂的問題，你只消做做底下這個「玩笑小測驗」，就可以得知：

◎我目前的生活好得沒話說。
◎我做著我喜歡的事情。
◎我可以輕鬆過日子，沒有一絲恐懼的念頭，或者，也不易被惹毛發火。
◎我接受事物本然的面貌。

如果以上任何一個句子引起你說「不」的反應，八成就有一個（有形或無形）的小混亂等在你的前頭。

來自混亂的噪音

雖然我盡力不要做出任何承諾，但是，持平而論，只要你在進行清理時，願意先去感受浮現出來的情緒，那麼就會發現屬於你的那個無限空闊的自我。我們的身體擁有五種基本的感官，它是我們獲得回饋訊息的最有力來源之一；我們應該多加注意身體發出的訊息。

於此同時，我可以預測，當你進行清理之時，你也會跳出來反抗與你最休戚與共的自我。當你感覺自己變得焦躁、疲乏、呆滯，就會認知到這個狀況；你會想要逃之夭夭、大吃大喝，或者緊抓不放更多的東西。當你聽到自己內心的批評者，找出種種理由來懷疑你的努力，說服你這個什麼清理理論根本行不通，而且你拿在手上的這本書，八成是迄今讀過的最差勁的書——這時，你就會認出這個「小自我」是何許人也。如果這些囉哩囉唆的意見使你偏離正軌，請切記：**那是你內心裡頭的「混亂成分」在講話，它不是真正的你！**你的首要之務，就是不要對這種種噪音讓步。

這個「小自我」所可能引發的另外一個問題是，心中會浮現這樣的想法：本書所提供的實作技巧都「太容易」了。我們心中的這個「小猴子」老是喜歡把我們的生活給複雜化，實在令人嘆為觀止。當提供給我們的方法是如此簡單易上手，我們反而止步不前。手中握著能夠開啟美麗王國的鑰匙，反而思忖其中有詐；我們想著：事情絕不可能這麼容易的！在此，請你再度提醒自己：這是內心裡頭的「混亂成分」在講話。

我們被混亂捉弄的心靈，毫不了解簡單至上的道理。

混亂是心理狀態；清理是存在方式

「空闊的自我？你在開玩笑吧。我連地下室那成堆的文件與雜物都應付不過來，還談什麼自我的空間！」當我口沫橫飛、滔滔不絕講述宏大的遠景時，如果你的心底正掠過這個（或其他類似）念頭，告訴你這個反應並非你所獨有，或許會對你有幫助。

以下這些想法，是否有某一個聽起來讓你覺得心有戚戚焉？

◎**完全被打敗**：不管我怎麼努力，似乎就是沒辦法處理這麼大量的東西。

◎**什麼方法都試過了**：我買過談論整理雜物的書；我用過鼠尾草把整個家薰過一遍，進行淨化儀式；我照做過從《簡約生活雜誌》（*Real Simple*）上讀來的一些簡化雜物建議；我按時收看家居園藝頻道（HGTV）。但我做過的一切方法，沒有一個造成任何改變。

◎**罪魁禍首不是我**：要我丟東西很容易，是我的先生（太太、媽媽、小孩……）才真的很難放手，或根本看不到成堆的雜物。

◎**錢都花了**：我花大錢買系統櫥櫃、箱子與籃子、專業的公文櫃，甚至去做治療……但我的混亂雜物依舊是我的痛苦、恥辱與困窘的來源。

◎**雙面性格**：我在辦公室的桌面無可挑剔，但在家裡的桌面則像是災難現場。

◎**嚴以律己**：我是個潔癖狂。我以鋼鐵般的紀律管理我的混亂。

◎**徹底否認**：雜物？我怎麼可能會有？我完全不戀物。東西一進家門，我就準備把它丟掉。

◎**滿懷恐懼**：如果我把這個東西（念頭、關係、抗拒、憂慮、身分象徵）丟開，那我會變成什麼樣子呢？。

◎**依戀與執念**：我的東西需要我。

儘管到處充斥著頗受歡迎的自助工具書、家居改造電視實境秀、風水療法、點點滑鼠就能找到的線上支援資源，與每年價值數十億美元產值的時髦櫥櫃管理服務，以及產業規模大過麥當勞、漢堡王與溫蒂漢堡合併總額的自助倉儲業，但是，混亂的雜物還是繼續有增無減；這個現象很快就會成為，我們這個時代最廣泛流行的傳染病。

在這個令人眼花撩亂的事實底下，潛藏著一個嚴峻的訊息：我們單單只要擺脫這個詛咒，最終就能踏入人世間的真正天堂。一般典型的看法，把混亂視為與人有別的「雜物」，是討人厭的東西或腫瘤，我們必須去拔除、征服、智取，或重新組織它回到井然有序的狀態。而且，如同必須去忍受的嚴格節食規定，清理作業也被視作與根管治療一般迫不得已。

所以，到底是怎麼一回事？我們投注了這麼大的心力在這個難題上，為什麼儘管有旺盛的企圖心，大多數的清理努力卻仍然無法持續下去？為何我們的住家與生活依然承受巨大的壓力，彷彿無路可出，並且失去平衡？

大多數的傳統作法，並不思考清理對於能量的影響面向：每天有意識地去清理一件小東西或問題，比起突然心血來潮瘋狂一清而空的作法，要更具有力量與永續性。然而，我們卻更可能在事情開始靜靜轉變之際，尚未察覺出任何明顯可見的進步之前，就對清理認輸投降。正是在不應該放棄或臣服於「小自我」的胡言亂語之時，我們可能失去信心，因為小自我只想要舒舒服服、希望保持原狀就好。

許多清理與組織的方法會無效的另一個原因是，這些方法鼓吹一種積極的、線性的清理過程，難題只需要去搞定、去處理或解決就好。西方文化崇尚行動至上的作法，使得如果我們無法去做什麼或使事情立即改變，那麼就是在浪費寶貴的時間。慢慢進行，然後等待事態發展的作法，很難說動那些一心追求立即成果的人。這些線性作法完全不顧與不理解，同樣具有威力的來自清理的感受性元素，它能促使我們去放慢步調、去聽憑事態發展，以及去聆聽、臣服、感受、軟化、放手。

大部分的清理作業並不留有任何餘地，好讓我們去感受自己的情緒、去榮耀自己的好與壞、去開創安全網、去接納自己的陰暗面，或允許我們對自己抱持更大的同情心。這樣的工作方法聚焦在最終的結果之上，而非過程；只訴求我們的智識，而非天生的智慧；只講丟棄，而非放手。

直到我們的心態開始轉變，承認、採納與接受清理所具有的女性面向氣質，我們才會開始改變我們的生活，並為人世帶來變化的契機。事實上，這是更具平衡性的作法，可以帶領我們遠離混亂紛擾，踏入無限空闊的自我所處的無垠領域之中。

清理方法論的這種典範上的轉變，徹底地化繁為簡，對每個人都是一項真正的好消息——這也包括那些認為自己沒有任何雜物問題的人在內！

04 有形混亂

一個人在一天之中可以經歷的種種天差地別的情緒氣象變化，說來真是非常有趣。

——安・莫柔・林登伯格（Anne Morrow Lindbergh）

回收車之旅

在過去二十年的清理生涯中，我感受到好多次全然迷失的心情，渴望重拾那些已經拋開的、屬於我自己的安逸部分，即便在心底深知這些部分已經不再對我有用。我的清理焦慮有時會變得如此巨大，以至於發現自己就要去從朋友、託售公司職員、慈善團體志工那兒，把我的某些東西要回來。

我駕車離開二手寄賣商店時，整個人感覺像被淘空了一般；我在心底反覆推想無以數計的可能情況，想找出剛剛送走的這些物品或衣服，可以再好好利用的方式，這攪弄得我身心俱疲。

我曉得這說起來很微不足道，但果真如此嗎？

我的心理內在狀態是如此波濤洶湧，彷彿我就是電影《蘇菲亞的選擇》（*Sophie's Choice*）裡的女主角，放棄了自己的一個孩子，把他交到納粹手中。這個焦慮的激烈自責狀態可以持續十五分鐘到一整天不等。之後，我發現我通常就會「退燒」下來，可以繼續過日子，連一次回顧都沒有。

當然，並非所有人都會如此（這般悲慘）。但我敢打賭，大多數人都有某一種特別會緊抓不放的項目。

你執迷於什麼東西呢？屬於你的特別的「占有戲碼」，可能看起來怎樣？或感覺像什麼？在什麼情況下，你留意到自己如此死抓不放，導致你滿手瘀青？你以什麼方法來防堵與抵抗自己這種全然執迷的存在狀態？

以下是我的一個占有模式，它已上演過比我想坦承的次數還多上許多。我稱它為「死亡行軍」：亦即走向慈善團體的回收車，一輛長期停放在超市停車場後邊角落的卡車。情況是這樣的：我先在車子的行李廂裡，塞進好幾個巨大的垃圾袋，其中裝滿衣服、鞋子、手提包、廚房用具、舊床單與毛巾，然後載著這些東西到兩個街區之遠的回收車那兒，一路上我的心情混雜著熱切的決心、釋然與憂慮。我強迫自己誦念我的咒語：啊，這麼做將會棒透了……我絕對做得到……這沒什麼大不了的……很簡單的……不是嗎……

我感覺體內開始出現緊張的壓力。

當我在回收車前停下車子，內心完全被熟悉的震驚之情所搖撼：喔！老天，我沒辦法送走這件漂亮的綠色連帽夾克，我的寶貝女兒小時候曾經穿了三年。我彷彿還能看見她穿著這件夾克邊跑邊笑，露出兜帽外的鬈髮不停來回擺動。這件衣服還像新的一樣。另外，還有那些可愛的嬰兒鞋！也許我可以把鞋子做成某種吊飾，懸掛在家裡某處。我就見過有些人把嬰兒鞋掛在後視鏡上，或是整個塗上青銅色的顏料……

再一次，我心中的小猴子完全接管了我的思緒。

那些床單，我還可以用來……嗯……我還不知道可以做什麼……喔對了，可以用來做上次談過的木乃伊派對服裝。反正我知道不久就可以派上用場（可是屆時已經放在地下室中長霉了）。還有這對奶奶給我的耳環（從未戴過），真的要回收掉嗎……

事情就是這樣反覆猶豫……

我想我沒辦法下手丟掉！

我強迫自己走出車子，朝回收車走去，手掌心都出了汗。深呼吸，史蒂芬妮，繼續深呼吸……

我在垃圾袋中尋找那件夾克，把它抽出來。我沒辦法放棄這一件衣服。女兒穿著它的模樣太可愛了。（我拿起衣服湊到鼻子前）哦，上面還留有她的味道、她的喜悅、她的活力……我沒法拋棄這個味道！我把小夾克捲起來放到回收車後面，使現場的志工看不到。

我把袋子裡其他衣物都遞給了志工。感到自己有點站不穩、有點反胃。我顫抖的決心正在人行道上化為一大灘爛泥。我感到悲傷。我討厭這一切，我受不了這樣的情緒！我是這麼傷心、這麼空洞、這麼……呃……等一下……

然後，奇妙的事情發生了。

一絲極細微的意識之光，輕輕流轉，穿過「小自我」恐懼的鎖環。幾乎無法察覺……啊，怎麼可能？我真的感受到輕鬆一點點了嗎？會是因為我可以比較容易呼吸一點的關係嗎？

回到家後，我做了第一個深呼吸。沒事了。我熬過來了。我做到了。這幾乎讓我感覺很好。

稍後我回想：這一切到底在演著怎樣的戲啊！我直接把女兒的小夾克扔進家裡的回收箱，等待下次一起載著一整車的東西去慈善單位做回收。我想我最後一定可以把這件衣服送走——不過，在嘗試了大約五次後才成功。

混亂如同氣象變化

經過許多次的回收探險之旅後，我慢慢地、踏實地學習到，如何把喧囂的戲劇性行為、內心的忐忑不安，與更為平和、順其自然的接納態度兩者區分開來。我現在明白，這些鬧劇來自於自己的占有模式，而這些模式則屬於更大的、我個人所特有的「天氣系統」之一部分。我已經逐漸明瞭這些模式的短暫性質——一如飄來飄去的雲朵或驟起驟歇的狂風——這使得我如今得以重新去組構，那些沒有反映出我泰然自若、無限空闊自我的任何事件、情感或感官感受，因為這些模式不過是「天氣」上的變化而已。

出汗的手心，是天氣。呼吸變淺，是天氣。擔心自己犯錯，是天氣。擔心沒人會再生產我剛送走的那些衣物，是天氣。擔心沒人會像我一樣善待那台舊筆記型電腦，是天氣。擔心我將再也找不到同樣的東西，是天氣。對於小時候東西被拿走的記憶，是天氣。哀傷有所損失，是天氣。流淚，是天氣。害怕未來，也是天氣……一切都只是天氣變化。

可以把以上這些模式，對照於以下的態度或行為：接納，不是天氣。相信還可以找到更多同樣的東西，不是天氣。心胸開闊地放手，不是天氣。冷靜旁觀天氣的變化萬千，不是天氣。淨化的、清明的與滌除混亂的，這些存在狀態才是至關重要的大事。

定義「有形混亂」

在混亂家族裡面，最熟悉的成員就是「有形混亂」，因為它是肉眼可見、可辨識的物品；它是我們每天隨處看見、不經意就碰上、不得不穿行其中的雜物。只要以下任一條陳述說中你的情況，那麼你就擁有某些有形雜物：

◎我有不再需要、不再使用或不再喜歡的東西。
◎我有不再合身、合用的衣物。
◎我有中斷的、沒有持續進行的、未完成的計畫。
◎我有無法歸位的與／或未被收好的物品。

從能量的觀點來看，有形混亂是占有的最顯著、最緻密的形式。由於它具有高度的可見性，所以好消息是，它也能為你指引脫困的出路！

清理練習

著手清理混亂的第一步，是認知到，混亂玩弄我們的能量水平與心理的種種方式。永遠重要的是，去記得那些「天氣」形態並非來自我們的真正表現；只要我們選擇不要認同這些陰晴變化，實際上它很快就會過去。

開始認清你的有形混亂

底下是一系列雜物如何具體出現在我們生活之中的方式。請你準備一張書籤或紙片，用以遮住練習題文字；每次只露出一條陳述來讀，然後慢慢移動紙片往下讀去。請留意你每讀過一點後所產生的感受。所有文字讀完後，請停下來一會兒，閉上眼睛，注意你一般上的感受為何。

請觀察是否有任何一條混亂形態觸動了你的反應，引發了你的身體感覺，以及／或啟動了任何的記憶、影像、想法或情感。當你認出一則情緒或一個反應模式，不要制止它，請讓它運行。不要試圖分析或解決什麼問題。只需要觀察它，感受它。

我想我一點你就通：信不信由你，以下這個練習題與本書之後的練習，都具有威力十足的能量印記。寫下的文字，擁有如同說出口的詞語一樣的力量；當你對它有所感應，就能引發身體與情感上的強烈反應。這個練習的目的，是藉由簡單觀察（與感受）你對每個文字細目的感應，而能對於你緊抓不放的領域變得更有意識。如果你發現自己感覺煩躁、被壓垮、心煩意亂、疲倦，甚至反胃，那麼先別急著做完練習，休息一會兒，喝杯水，呼吸一點新鮮空氣。並且反覆對自己說：「這不是真正的我所引起的」。如果你讀完後，沒有任何感覺，那也沒關係。在感受的世界裡，永遠都沒有對與錯的分別。

◎成堆的、成疊的、如高塔般的文件……

◎沒有讀過的文章、書籍、雜誌、剪報資料……

◎塞滿的衣櫥（抽屜、分隔櫃、各個角落）……

◎灰塵、蜘蛛網、塵土、污物、污垢、髒東西、長蟲、發霉……

◎一團亂的、破損的、壞掉的、劃破的、斷掉的、不相配的、亂放的、雜亂的……

◎找不到的、塞滿的、紊亂的、溢出來的、卡住的、亂糟糟的、嘈雜的……

◎發臭的、髒兮兮的、腐爛的、陰森森的、混濁的、漂滿浮渣的、陰濕的……

停下來感受：當你順利做完這個練習，閉上眼睛一會兒。留意任何此刻在你心裡所顯現的念頭、情緒與／或新的「天氣」。注意你的呼吸。請記住：什麼事都不必做，你只要觀察自己、讓感受生發，並體驗這些失衡症狀的模式。

清理日記

在你的日記中，花一點時間反省，雜物在生活中具體成形的方式。

◎在做完上述一個個的練習題後，對我來說，最明顯的是＿＿＿＿

◎有形混亂顯現在我生活中的方式，包括有＿＿＿＿

◎當我開始注意到自己家裡（或其他人家裡）一團亂的雜物，我感覺＿＿＿＿

◎為了讓我感覺好一點，一件我現在（或今天）可以做的事情是＿＿＿＿

05 心理混亂

心是一部放映機，而世界是投射出來的影像。從心修練，世界也會一起轉化。這可說簡單之至。

——拜倫．凱娣（Byron Katie）

心理場域

人類的心是舉世最佳的戲劇製造機。它可以隨身攜帶，二十四小時不打烊，甚至在我們沒有意識到它或不注意它時，操作得特別順暢。它具有無窮的擴充性，僅需要想像力就可以運轉。它可以不停生產出一些舉世罕見的一流故事。只要對它輸入幾個片段的道聽塗說、片面之詞，給它一些情感刺激或童年回憶（愈慘愈好），那麼，一下子就能星火燎原！

你所製造與體驗的戲劇，完全取決於你給你的心所輸入的資訊。假設你在心裡放入即將前往度假的國家一個有關恐怖主義的故事，那麼你就製造了一座歡愉變色的美麗花園，充斥著一幅幅當你步出自動提款機時，被人用槍抵著洗劫財物的畫面。如果輸入的是地震、貧窮與最近一次墜機的資訊，那麼你八成會打電話給旅行社取消行程，而且不斷低聲喃喃說：我哪兒都不去了！

在壓力賀爾蒙大量奔流於你的中樞神經系統中，所引起的效應之下，「恐懼」將變得更像是主題樂園中模仿自由落體的「破膽跳樓機」。一旦這些化學分子在腦中被啟動之後，你可能需要花上一點時間才得以重回平衡狀態。

我當然也遭遇過難以忍受的崩潰經驗，但沒有一個比得上至今還如此鮮明記得的事件：在好多年前，我接到來自女兒所就讀的中學一通並無惡意的電話：「點名簿上看到您的女兒今天沒有到指導教室去，她生病了嗎？」

我當時滿腦子只想著：我才送孩子搭巴士去上學啊！

在等待行政人員回電話的那無止無盡的五分鐘內，我就從全然平靜無波的狀態——

只因為一個小錯誤——急轉直下，滿心想像著最糟糕、最恐怖的可能災難。

我感受到，那種為人父母在得知自己的寶貝失蹤時的揪心情緒。我感受到，那種一想到有人會對兒童做出難以置信的侵犯行為時，眾人所激起的恐怖情緒。我是如此全然淹沒在燃起的情緒中，以至於彷彿就要過度換氣，而且瀕臨嘔吐邊緣。我無法想像如果有事情發生，之後該怎麼過日子。

我如何可以瞬間從零飆到時速一百英里？短短五分鐘之內，我旋風般地經歷了一場最駭人的夢魘之旅，而所根據的不過是一通單純的詢問電話。令人匪夷所思的是，我們的心理可以從極少的資料與事證就運轉開來。

而且，感覺就好像遭受五級颶風的侵襲一樣慘，但也出現了一件奇怪的事：我意識到，有一部分的我站在一旁，客觀冷靜地目睹這一切事態的發展。我看著自己，從一派平靜祥和轉而為瘋狂的女人，準備好隨時跳進車子裡，獨力去尋找我的女兒。我不僅是體驗到，而且也可以從我的內心之眼「看見」，恐懼的闇黑毒素流竄全身，彷彿一顆原子彈在我的臟腑中爆炸開來——也像是快速移轉的癌細胞。我意識到這些情緒的強度，而且留意到，如果我讓它繼續在身體裡面循環不退，那麼久而久之它將引起某些嚴重的傷害。

學校的行政人員確實回電給我叫我放心，因為發生了一個小差錯。我女兒人在另一間教室中補做一項測驗。掛上電話後，花了超過一個鐘頭的時間，我才恢復平靜。即便我知道一切平安，還是感覺作噁。我想要咒罵某個人，讓自己感覺這麼糟糕，但知道沒有人應該受到譴責，連我也沒有責任。

最後，我了解到，自己收到了一份大禮。我有機會體驗最糟糕的夢魘，而不用實際經歷它。也有機會去目睹，身體如何回應與處理，由大腦所製造出來的、帶有高度情感刺激的訊息。這樣的機會，也讓我對於那些無法倖免於經歷生活中這類夢魘的人，興起強烈的同情之感。

我從這場備受震驚的事件——又一個人生中值得學習的時刻——所獲得的收穫是，意識到我們生而為人在每一天的每一刻中所擁有的可怕力量。在心理的遊戲場中，如果這麼少的資訊就能創造如此大的效應，那麼，假使我們力行某些自我約束措施，並在日常生活中改變所輸入的訊息，可以想見我們會有怎樣的新展現！如果我們有意識地一天一次去改變一項負面態度或價值信念，會怎麼樣？如果我們讓情緒——不管是痛苦、悲傷或恐懼——就只是情緒，而不以它去感情用事，或者以更多同樣的情緒去火上加油，這樣一來會怎麼樣？如果我們就只是旁觀情緒的爆發，不要放在心上或嚴重看待它，那麼又會如何？如果有更多人每天只要一次不去認同自己的情緒鬧劇，那麼這又會帶給我們多大的改變？甚至，我敢說，這也會給我們的世界帶來巨變！

我可以確定指出一件事：為了創造你所渴望的喜樂、空闊與毫無混亂的生活，所需要的任何工具或裝備，都已經存在於我們稱之為「人類身體」這個令人驚異的結構裡面，以及我們稱為「人類心理」這個富有彈性的製造機裡面！

破膽跳樓機

我在我的臟腑之中所感受到的這場爆炸，究竟是怎麼一回事？為何感覺它如此深入身體裡面，而且自己頓時失去招架的能力？為何在事過境遷之後，它還能持續影響我這麼久的時間？

如果我需要從一個（簡化的）生化觀點來重述我的電話驚魂記，那麼該事件的連鎖反應大約如下：

來自我女兒所就讀的中學的一通電話，是外部誘發因子。它所引發的陣陣恐懼在我的腦部創造出一系列的電子脈衝，朝我的身體發出訊號，以製造出某些化學分子。這些壓力化學分子一旦釋放出來，就奔流在我的身體之中，尋找特化為恐懼與驚恐的接受器位置。只要我處在高度的警戒狀態，並且持續輸入恐懼的訊息，那麼就會繼續生產這些分子，而且，更糟的是，這些分子就會一直存在在那兒，就像雜物一樣。

它不僅會造成如同電話驚魂記這般嚴重的事件，因而造成傷害，而且它建立起一個模式，當下一次又接到出乎意料之外的電話，或是晚間新聞報導失蹤兒童的消息，或看到街上駛過一輛深色車窗的黑色載貨卡車，都會使你傾向於做出類似的崩潰反應。

這是種種我們陷進自己故事的圈套裡面，甚至耽溺其中的方式之一。應該如何避免走入這種會讓人玩上癮的破膽跳樓機呢？我們要力行「不往火坑裡跳」的原則；我們要在毀滅性念頭大幅釋放化學分子之前，就對這些念頭喊停。

你的故事底細

如同暢銷作家拜倫．凱娣所言，我們的難題並非是我們受苦的原因，而是對難題的思考，才造成我們的痛苦。當我們能夠認識到，我們的一切有形混亂與情感混亂的問題開始成為牢牢據守的頑念，才能以它原本成形的相同方式逐漸去拆解它：亦即，在它浮現的那一刻，去釋放緊張的情緒與重構想法的內容。你現在可以透過觀察你所編織的故事，並詢問自己這些故事的真實與否，來展開這個過程。

以下是我們為何會產生頑念的十大理由排行清單——這是經過多年來，聆聽參與我所主持的清理互助團體中的女性成員，她們談及混亂如何在生活中顯現與她們對此的感受，所整理編輯而成。請留意哪一條說法讓你心有戚戚，或挑動了你的神經，甚至激發了你的幽默感。當然，如果你感受到某種「情感天氣」掩面而來，就利用這樣的機會深呼吸、觀察自己，並靜靜等待它消散。

1. 匱乏性思考：「以備不時之需」

這大概是我們為何難以放手的第一個理由。它來自於一個根深蒂固的信念，認為東西始終不足夠，未來無法讓人安心，生活必定艱辛。這類的想法，比如：「如果我還需要這個東西怎麼辦？」或「如果我沒有讀完（從三年前開始累積的）每一篇雜誌剪報，我就可能遺漏至關重要的資訊」；或「這個牌子可能會停產，所以我最好先囤積存貨」。這類匱乏性思考模式有時是來自代代相傳所抱持的信念，它是由比如「經濟大蕭條」等重大事件所引發。我們之中有許多人還持續深深懷抱著拓荒年代祖先的倖存生活模式，這可見於我們如松鼠般儲存東西與牢牢固守的個性。而這麼做只是為了未雨綢繆，害怕會有大批蝗蟲過境，使得我們無法外出工作。

如果重新引介匱乏性思考模式還不夠厲害的話，有些人也會在外部現實狀況證明我們有理時，不停嘮叨「**我早就跟你說過了**」這樣的口頭禪來折磨自己（與其他人）。下一回，當你發現自己不斷囉唆那些過度概化的怨言時，比如：「你看吧，我早就告訴過你了！我就是知道我們不該丟掉那台電腦、第二輛腳踏車、跑步機（事實上是用作晾衣架）、冰箱、高爾夫球竿……」，你應該利用這樣的機會，停下來深呼吸，反覆誦念這個句子：「**我現在拋開這個東西完全不成問題**」。

2. 使用壽命：「還沒用光」

這種占有模式，是來自於這樣的信念：各種物品、經驗與人都有一個使用壽命，而且如果沒有用完、用壞，就必須持續放在架子上數十年也不丟。它的一些展現方式可能如下所示：「我希望我所花的每一分錢，都要很值得」；「我可是投下大把鈔票在這上頭」；「這個東西的狀況還那麼好，不能送去回收」。實情是，東西的壽命可能比你對它的真正需求要更長、更耐久。一條可能的出路是，想像其他人也可以享受你所珍視的物品，把它傳出去，直到該物件壽終正寢為止。

3. 多愁善感的執念：「這讓我想起……」

有些人會害怕，拋開了可以使我們回憶甜美過去的物品，將永遠抹消美好的記憶，並使它的價值歸零。這樣的東西，比如：一條使你想起尚普蘭湖（Lake Champlain）夏日時光的破被子；孩子們的美勞計畫；你甚至認不出來模糊褪色的什麼人與什麼地方的照片。好的記憶——如同能量一般——是可能永遠不會消失或被抹除（而「不好」的記憶則可能會持續褪色流失），或許只要我們理解到這一點，可以比較容易去保存（數位化）讓我們歡歌的事物，以及拋開與之背道而馳的事物。本書第二十三章的「清理玩笑小測驗」，可以作為你練習的好起點。

4. 罪惡感之一：「桃樂絲姑媽（願她安息）會殺了我」

對於凡是相信自己在道義上應該將我們所愛的祖先所留下的傳統，繼續傳承下去的人來說，這可是大事一件。那把十七世紀的翼狀椅背座椅，絕對要小心翼翼展示在顯眼的地方，因為爺爺就這麼做，而且他的爺爺也這麼做。不要再提它坐起來很不舒服，而且只要有體重超過四十磅的人坐上它，肯定會裂開……我們活在恐懼當中，不時擔心摯愛的亡者如果發現我們把他們所鍾愛的寶物，拿到eBay網站上賣掉的話，會從墳墓中跳出來，掐住我們的喉嚨。你可以這麼做：去拍下幾張照片，放進相本中，留給後代子孫觀看；寫一篇情意甜蜜的短文，概述這件物品，以及它對你們家族的意義。當然，如果「你」也很愛它，就保留下來，把它修好，展示它，並且因為你自己的理由來享受它的存在，而不是為了桃樂絲姑媽的在天之靈！

5. 罪惡感之二：「這個東西需要我」

有些人認為，我們所擁有的東西就好比家中的一分子。回收一台老舊的筆記型電腦，彷彿將一個孩子送給不認識、教養能力不佳的養父母領養一樣，而他們極可能沒辦法像我們一般那麼細心呵護！「只有等到為它找到最佳去處，我才可能送走它」——這種想法堪稱絕佳的拖延戰術，對於有嚴重控制慾問題的人而言，這樣的缺點位居占有模式光譜中相當顯眼的位置。如果這種或其他的控制慾模式恰好是你的病灶，那麼推薦你一帖強效解毒劑：自我接納與給予自己同情的關懷。每天服用一劑，效果立見。

6. 空虛感：「如果我清得太乾淨，我將一無所有」

許多人惶惶終日擔心著，假使我們放棄所擁有的東西，那麼一股深沉的、黑洞般的空虛感將進駐我們心中。如果拋開這個東西，我會遭遇什麼下場？對某些人來說，放棄一項物品（一則關係、一個工作）的想法是如此讓人無能為力，彷彿你孤獨無依擱淺在一座無人小島上，全身一絲不掛，而且無路可出。失落感無限下墜，深不可測。就我所了解有關這種特殊占有模式的成因，並非是缺少東西所導致的恐懼，而是可能使人癱瘓麻痺的「悲傷情緒天氣」使然。對於嚴重感受到這種洶湧情緒的人來說，以下是給你的福音：在（輕輕地、緩緩地）放手的那一刻，將提供給你一個絕佳的機會去感受與療癒失落的經驗。尊重與感謝你將拋開的物品（行為、關係）：謝謝它、祝福它、承認它此前對你的重要性。去為拋開的決定，設計一個特別的儀式或祭壇，將有助於緩和這種硬性拆散所帶來的衝擊。每進行一次清理努力後，獎賞自己做一件讓自己開心的事情。

7. 逃避：「我不想感受到那些情緒」

當我們過於害怕而無法單獨面對自己的情緒，這種狀況可能促使我們選擇一種特別的保護傘。否認一切，會保護我們免於必須去做那些想都不敢想的事，也用不著「跳入火坑」。因為選擇逃避，我們可能成為混亂控制狂，也可能變成說話滔滔不絕的長舌鬼。我們可能大吃特吃，吃到整個人昏昏沉沉，只是為了逃避惱人的悲傷或失落的情緒。服用止痛劑、飲酒、嗑藥、性交與過度囤積等逃避策略，只會給予我們虛假的安全感，而且是更深沉、更具摧毀性的占有形式的表現。提醒自己以下的改變竅門：慢慢開始讓自己的情緒得以浮現，並且要好好照顧自己、疼惜自己；大聲告訴自己隧道的盡頭就是光明（即使你根本不相信）。

8. 受害者包袱：「我好可憐」

經常老調重彈哭訴童年父母的忽略或虐待，或是失去工作，或是痛苦的離婚過程，這種種都是導致自己無路可出，以及造成任何清理努力失效的「好辦法」。這個「可憐的我」模式，可以說是「自我應驗」式的，而且這個迷思也很難打破，因為我們心中的小猴子太容易編織出這樣的想法了。下回當你感覺自己又陷入同樣的循環當中，自艾自憐、愁雲慘霧，試試看以下作法：對生活中一件正順利進行的事情，表達感激之情，然後注意會有怎樣的結果。

9. 歸屬感：「這使我感覺自己存在其中」

我們通常緊抱不放一件東西的原因是，它給予我們一種永不消退的、有分量的感受：一件來自一九七二年滾石合唱團演唱會的T恤，如今已破爛兮兮，卻代表著你是個多麼時髦的人；布滿灰塵的一套經典文學叢書（三十年來從沒翻閱過），證明你是個多麼博學的人；那個無法一刀兩斷的男朋友，因為他既帥又酷，但你卻完全忽略他惡待你、輕視你的事實。如果你必須放手，那麼拍下東西（或男友）的照片，然後就拋開它

（或他）！你可以使用照片來進行一個告別儀式。

10. 集體潛意識：「如果人人都在做或都擁有它，那麼肯定沒問題」

當集體文化支持著某種生活方式，雖然可能因此對我們的身體、家屋、環境與生活造成傷害，但我們卻很容易進入否認狀態。如果人人都在吃速食，那麼肯定是沒問題的。如果人人都在用除草劑使草坪沒雜草、一片綠油油，那麼肯定是沒問題的。如果人人都在開高耗油的運動休旅車，那麼肯定是沒問題的。如果人人都在做／都有／都用……如果你總是傾向於去做或擁有某個你感覺不對勁的事情，那麼請好好觀察自己。因為，有某個人這麼做或擁有某個東西，並不意謂依樣畫葫蘆就對你有益無害。留意並尊重自己的情緒。如果你也傾向於批評那些這麼做或擁有某些東西的人，那麼也要提醒自己別說出口。因為你對他人的評斷只會是有傷害性的！

定義「心理混亂」

心理混亂，是由我們心中的小自我或小猴子所製造的無休無止的嘮叨魔音。這個落居於我們內心的自負房客，嚴厲地下達命令，據以永遠確保它的舒適與安全。

心理混亂的一些面貌如下：

◎自發引導的恐懼：「我應該……」、「我沒辦法……」、「我可能不行……」、「我不該……」

◎自己說給自己聽的負面故事、自我設限的信念與價值、自我責備

◎內心的罪疚感

◎「我好可憐」，一種受害者的感受

◎八卦

◎想太多、過度分析、過度合理化

◎連珠砲般的嘮叨、裝模作樣、不間斷的胡言亂語、發牢騷、囉哩囉唆

清理練習

這裡提供你另一個機會，好讓你可以逐漸認清自己內心所可能帶有的某些「雜訊與噪音」。

認清心理魔音

請在你的日記中列出一張表，寫出至少五項自我設限的信念或價值，比如，從日常生活中觀察，怎樣的念頭或行為會擾亂你、激怒你、挫敗你，或會使你不安、煩躁、憂愁等。

你列出來的表，可能看起來如下所示：

◎我沒辦法擁有（做、成為）那個。
◎沒人懂我。
◎我無法放手。
◎我過著虛擲的人生。
◎我一事無成。
◎我永遠達成不了目標。

在你寫完清單後，留意自己是否感到一股燥熱湧起，變得極端口渴，並且心跳加速，瞬間閃過一絲悲痛。你只需讓自己去感受，由此所撩起的情感天氣就好。別忘了你只要停下來感受就好。

清理日記

請使用以下的句子，來照亮你對自己講述的陰鬱故事。為了獲致更佳的效果（亦即，意識上覺醒與情感上看開），請一次集中一個故事就好，然後依次反覆這個過程來審視其餘的故事。

◎在我對自己講述的故事中，其中一個不再對我有用的故事是＿＿＿＿

◎這個故事使我感覺＿＿＿＿

◎我知道這個故事並不正確（或不再對我有用），因為＿＿＿＿

◎拋開這個故事是安全的，因為＿＿＿＿（請留意你心中那個並不感到安全的部分）

◎有關我的實情（而且我想要將它告訴自己的）是＿＿＿＿

06 情感混亂

請對你帶進這個空間中的能量負起責任。

——吉兒・波爾特・泰勒博士（Dr. Jill Bolte Taylor）

家喻戶曉的漫畫人物、烏雲與細繩，三者間有何共通之處？什麼都沒有——除非你參加過我主持的研習班，看過我說明：情感混亂如何顯現在我們的生活之中，它如何影響我們與我們的世界，以及清理它的意義為何，你才會知道這三者的關係。在討論情感混亂時，我使用了這三個難以想像的比喻，是因為這三個詞可以強調出不同面向的難題。當你能夠認明這些面向，你就踏上了清理這種無形混亂的康莊大道。

萬物皆能量

大抵就屬蓓爾羅絲・納波絲特克（Belleruth Naparstek）說得最好了：「在考量一切因素之後，我們不過是處在一片律動活潑、富含智慧的能量之海中的一股振動而已。」雖然種種雜物對我們來說似乎都是固狀的物體，但如果我們將之還原為最小的可資辨識的組成分子，那就僅僅是帶有某種能量頻率與強度的原子粒而已，或是如同知名的瑜伽大師帕羅瑪漢沙・尤迦南達（Paramahansa Yogananda）在他的教導中所描述的——只是一股「凝結的光」。日本科學家江本勝（Masaru Emoto）在他的著作《來自水的訊息》（*The Hidden Messages in Water*）中，則是這樣說的：

> 你可能在想：所有物質都在振動?! 甚至這張桌子、這把椅子也是嗎？連我的身體也是？確實很難相信，你可以用手拿起來檢視的東西——比如木材、石頭與任何實在具體之物——一切都在振動之中。

能量表現為波的形式，會移動與改變，也會起伏興衰。它能「聚形」、「毀形」與「賦形」。物質不斷地轉變回能量形式，而能量亦不斷變回成物質形式。能量不帶任何惡意。它不在乎你今天是否過得不如意。它也沒有好壞之別。它只是一股純粹的潛能、純粹的表現、純粹的引力。

就像你在晚間新聞中所看到的天氣預報圖，在你的住家、工作地點與生活之中，有某些區域的某種能量模式可以記錄為寧靜平和，其它區域則可能顯現為比較擾動與不安定的「低氣壓」系統。你的空間可能感覺易怒、緊繃與緊張，而其他人的空間則可能比較平靜與有條理。這一切都取決於你與這些空間的關係，也就是說，端視你的內心有多自在寬廣、善於觀察與冷靜抽離而定。

混亂如影隨形

還記得《花生》（*Peanuts*）系列漫畫中的人物「乒乓」（Pigpen）嗎？他走路的時候永遠會激起一團煙塵烏雲！我們在一生當中所負載自我設限的信念價值、執迷不悟的情感，以及我們在自身之中所壓抑、抗拒與否認的種種面向——又稱為「陰影」——是這麼地深重紛雜，使得我們與這個可愛的小傢伙之間，可說並沒有太大差異。我們的陰影愈龐大，所掀起的塵埃就愈混濁、愈濃密，而且，我敢說，如此的無形「烏雲」並不算多可愛。

為了理解我們個人的能量場如何影響其他人、地、物，請想像一下，在那團烏雲中打轉的東西是一連串的「細繩」：每一樣你沒有使用或不喜歡的物件，都代表有一根細繩把你跟它繫在一起。你尚未療癒或接納的一則痛苦記憶，就表示有一根細繩存在；一個負面的念頭，就是另一根細繩。許多的負面性想法、癮頭、未釋懷的恐懼、過度囤積的習慣、傷痛的回憶——一再改頭換面重新出現——就等同於千絲萬縷的紊亂能量。

就像大範圍的靜電吸附作用一樣，這意謂著我們所有那些由細繩繫住的執念，也會如影隨形跟著我們到處移動。我們帶著我們的混亂睡覺、飲食、嬉戲、生活、做愛與工作！它就像我們的另一個家族成員，一個由我們扶養、收容、拖著四處走的家人。我們並非總是能看見這一團烏雲。除非有意識地驅散某些積累起來的烏煙瘴氣，不然這團烏雲會持續遮蔽與影響我們的所有思緒、行動與我們所遇見的人。

如果把你和所有其他人千絲萬縷交纏的一團團知覺念頭，以及個人待辦事項結合起來觀察，那麼，這個世界看起來就有點像是，那種你在航空公司雜誌上所見到、上頭有許多紅色拋物線連接全球各地城市的地圖。

於是，對於我們為何會感覺自己如此受困其中、壓力重重、困惑難解、憂鬱消沉，而且需要愈來愈多的酒精、藥物與逃避策略，來安撫我們短路的神經系統，也就不足為奇了！

黏滯的能量

我接下來要提醒一句話，聽起來也許會有一點深夜時段資訊型廣告的味道：「請等一下，還有更多資訊告訴您哦！」有關乒乓的煙塵烏雲這檔事，它不只會跟著我們到處跑，這團混亂烏雲還有另外兩個特色：

◎它擁有威力強大的磁場，可以吸引更多相似的「細繩」與它纏黏在一起。
◎它會留下未處理好的情感殘餘物的能量痕跡，進而影響其他人、人們的生活空間與整體環境。

奠基在所謂的「吸引力法則」——它簡單談及「物以類聚」的道理——之上，我們會在我們振動的層次上進行吸引，而且全年無休。如果我們的烏雲是振動在比如「我好可憐」、「對金錢的憂慮」或「對成功的恐懼」等層次上，那麼，不僅將吸引在能量場上帶有完全相同頻率的人、地、物，而且在我們所到之處，可能也將留下有關憂慮與恐懼的印記。當我們思考有關人類的想法與情感，如何能對我們的生活空間帶來負面衝擊，或許你會原諒我在描述這些相當黏滯的能量印記時，所使用的有點傻氣但可愛的表達方式：我把它稱之為「人類的遺跡」。

為了正確地來陳述這個道理，我必須指出，反之亦為真：如果我們是在愛、感恩、慷慨、寬恕、空闊、超然、平衡與喜悅等的層次上振動，那麼將留下較為崇高的振動痕跡，某些人會因此體驗到清明如鏡的感受。假使我們達至心胸寬闊、超然物外這樣屬於啟蒙第一階段的境界，我們可能將完全不會留下任何一絲痕跡！

千絲萬縷相吸交纏

為了明瞭情感如何影響我們與我們的生活空間，請想像以下這個情境：假設你跟你的伴侶激烈爭吵，而且爭端並未解決，或似乎陷入僵局，你們之間的張力，可以藉由感受你們所釋放的各自所持有的情感負荷而得知。能量的電荷或極性，如同電池的正負極。爭端的強度與它一步步惡化的時間長短，共同決定著能量電荷具有的極性高低。

如果一開始的強度很強，你們的爭吵八成會留下大量的「遺跡」，在這個你們大吵一架的地方。如果你們持續振動著不快與張力，那麼很可能會生出某些「細繩」把你們拴在這個地方，並且拴住你們彼此。

然後，假設來了一個你們所不認識的人，而你們也不知道這個人剛度過很不順利的一天。由於此人一整天碰壁的情況，恰好跟你們稍早的爭吵擁有相同的振動頻率，他可能就會與這個具有擾動能量的特別場域起共振作用（因為他本身有一些未解決的麻煩（亦即，他本身之中那些不被愛的部分）），由此導致微型崩潰，並遺留下他糾結的混亂情緒，**直接加在你們原本的混亂上頭！**如果你們並未在第一時間找到方法，來清理留在那兒的煙硝烏雲，很可能後來會發現自己被拴縛在一層又一層、其他人未解決的麻煩事與壞日子、壞心情之上。

我如何得知這些祕密？長久以來作為專業的空間清理師，我所接受的訓練正是用來認清，在人們的生活空間裡四處打轉、種種不同的、屬於形而上學、地球物理學與電磁學上的能量印記。我可以感受到停駐在房間、走廊、衣櫥、家具與人們的持有物上的人類情感之黏稠渣滓。我可以從鄰近的家屋、戰場、施工計畫、地下水、電信基地台等任何你想像得到的事物中，指認出有可能導致我的客戶認為是造成他們無法成眠、備感壓力、憂鬱莫名、成天哀傷或破產等的困擾來源。如果你曾經走入一個空間，發覺自己的感受並不好，比如讓你感覺有棘手的麻煩事、無精打采或過度興奮、不友善或整個人毛骨悚然起來，那麼你就會了解我在談的事情。

如果你有一點被人類潛意識會毒害我們的生活品質，以及生活空間的可能性所驚嚇，那麼了解以下這件事將對你有益：當你只是更有意識地面對一切，並對你帶到這世界的事物負起責任，你就已經開始在清理混亂的毒物。

而所謂的責任，就是一種反應與應對的能力。

羈絆一掃而空

我曾經留宿一位客人，在有關「經歷一次到訪之後，你的一切都被帶走」是怎麼一回事，她給了我一場永難忘懷的體驗。我的這名友人，力行有意識的生活，在離開前就將她的所有擁有物——也就是說，包括她的有形物品與所持有的能量兩者——整理妥當。當她一開車離開，我的房子在能量層次上感覺非常明淨清亮，彷彿她從未來過一般！而所留下來的，是有關這次開心到訪的美好回憶，以及已經洗好的她用過的床單。這次的經驗令人驚奇，但要不是因為大多數的空間都感覺混亂、沉重、阻滯的話，你可能一點也不會留意起這樣的經驗。

從一個大架構觀之，人人彼此相連相關，所以所有種類的混亂，都會影響我們的空間與生活，即使我們自己並非混亂之源。因此，下一回當你注意到，你在片刻之前並未感受到的強烈感應或情感擾動，比如頭痛、胸悶或悲傷念頭瞬間襲來，這就非常可能不是由你的個人因素所引起！你只要感受這些情緒，不要將它指認成自己的，然後**繼續往前走去**！

留心你所帶在身上或遺留下來的種種牽絆的事物。對於你所遭遇的任何「情感天氣」，你愈不認同它，就愈容易召喚回屬於你的、釋放不屬於你的，並且剪斷能量的紐帶或羈絆。這是屬於相當高層次、有意識的混亂清理境界，你現在可以從留意此刻的感受做起。你可以運用第四篇中提及的技巧，來演練以覺醒的意識進行抽離的方法。

生不帶來，死不帶去

顯而易見，當我們死去，我們無法帶走自己的存款戶頭；珍珠項鍊、相簿、跑車同樣也帶不走。但當我們結束生命，誰說我們無法帶走最好（與最壞）的回憶、激情與執念——這些就如同能量一般——到下一個次元的空間去？假如我們終究是能量的存有物，那麼假設人有一部分會繼續活下去，或甚至到處「沾黏」，這不是很合理嗎？

多年來的經驗告訴我：一個空間所帶有的負面情感，會將這個空間與在那裡留下情緒印記的人連結在一起，直到這個情緒被清除為止，即使當事人已經在幾年前死去也一樣！所以，當談及鬼魂時，在此指稱的並非是悄悄跟蹤屋主的真實個體，而是可能一生受苦、悲慘度日的某個人，所遺留下來充滿高度張力的負面思考模式與記憶。

如果這聽起來有點不著邊際，讓我分享一個故事，那是發生在我首度對自己的家屋進行空間清理程序後，隔一週所發生的事情。我意外地接到一通在瑜伽課偶然認識的某人的電話。「史蒂芬妮，我想妳不會相信我要說的事，」她幾乎上氣不接下氣地說：「妳現在住的房子，我過去在那兒住了十四年！」這名友人在電話簿上尋找我的電話號碼，驚訝地發現，自己的舊家地址居然出現在我的名字下方。她在這個家屋裡扶養了三名子女。我們所接手的燒柴暖爐，就是她以前裝上去的那個。每年春天我們開心迎接的鬱金香與芍藥，也是她給予這個家屋的禮物。

在我們講電話期間，我得知這名友人曾經有過原因不明的胃疾，但在我清理完屋子的同一天，就大大舒緩下來。她告訴我，這個紓解現象發生得如此突然，並且讓她在之後顯著地感覺輕鬆許多，也變得更有活力。

這是巧合而已嗎？當然無法肯定指出，如此突然地從她的身體移開的神祕天氣，就是我對家屋進行有意識地清理所產生的結果。

無論你相不相信不可見事物或來生的概念，或許只要去了解我們的想法有可能對一個空間產生潛在的影響效應，這就可以啟發你立刻起身進行有意識的清理事宜，而你也能因此減輕負荷，過起不一樣的生活。當你透過承認混亂所給予你的感受，並且與你的拖棚歹戲一刀兩斷，由此來清理你的混亂，那麼將可能以全新的自己，來重新往前走或超越過去。這是每個人的獲勝之道！

「如其在內，如其在外」

如果到目前為止讀到的所有內容，讓你頭暈目眩的話，請深呼吸，留意任何被翻攪起來的情感天氣，並花一點時間去想像。

阿娜依絲·寧（Anaïs Nin）說過：「我們在事物中所看見的，並不是事物的本然面貌，而是我們的模樣。」依照這個觀點，在你還沒有到處料理如此之多有形的、心理的與情感的混亂事物時，請你想像一下這個世界可能看起來與感受起來的樣子。

想像一下，如果你在高層次振動並產生磁力，你可能會吸引的各種人、地與生命經驗。想像一下，你選擇以比較輕盈、更有意識的方式來待人接物與過生活，會造成怎樣的大改變。

而這一切，只需要你有意願去接受、容納與覺醒。

定義「情感混亂」

情感內容原本就具有一種起伏的性質，而且如同我所談過的，它出之以兩種重要的形式：首先，它作為黏滯的能量羈絆（亦即「**牽絆人的細繩**」），可以將人與事物彼此繫縛在一起，跟著我們四處移動；其次，它作為帶有高度張力的壓力模式（亦即「**遺跡**」），擁有強大的磁場，可以黏附在環境之上。這兩種失衡形式，如果未經清理，就會吸引來更多的同類事物。未被處理、張力緊繃的思緒與情感，可以對不知情的其他人、我們的生活空間與整體世界，產生破壞性的影響。

情感混亂的一些面貌如下：

◎排拒他人、偏激意見、易被觸怒

◎懷恨在心

◎認為凡事都衝著自己而來

◎經常處於憂慮與恐懼之中

◎暴怒發作、情感崩潰

◎駕駛人的「路怒症」、咆哮怒喝

◎沉迷於食物、酒精、毒品、性、網際網路等之上；狂歡作樂、過度囤積

清理練習

逐步認清情感負荷

底下的練習，讓你可以開始認識自己內在可能帶有的某些「雜音」。請拿一張紙片，先遮住以下所有句子。然後每次只露出一條陳述來讀或大聲念出來，留意之後的結果。請記得，無論你在這裡收集到怎樣的結果，都只是屬於你的另一項訊息資料而已。

◎他／她感覺很惡毒。
◎我受不了毫無所悉。
◎真絕望。
◎我無法放手。
◎那好傷人。
◎我很害怕，因為……。

停下來，感受你的情緒。

清理日記

使用以下的陳述，逐步認清在你生活中的情感混亂。（請注意，如果有任何不舒服的感覺，記得我們只要能夠意識到情感負荷，就有助於清理它，而且效果可長可久！）

◎使我的生活寸步難行，並且讓我糾纏在更多羈絆之中的信念，包括有＿＿＿＿

◎對我來說，拋開這些千絲萬縷的執念是沒問題的，因為＿＿＿＿

◎在我的行為當中，我希望可以擺脫掉的一個行為是＿＿＿＿

◎為了讓我的感覺好一點，一件我現在（或今天）可以做的事是＿＿＿＿

◎自從開始變得更覺醒，我留意到自己發生了一些轉變，包括有＿＿＿＿

07 感受帶來療癒

所有偉大的發現，都來自於感受跑在思考之前的人。

——巴克赫斯特（C. H. Parkhurst）

某天下午，我在書房工作，有人來到大門前，為了某個語焉不詳的獎學金基金向我募款。這名年輕人看起來算得上友善，跟我握手，表現得就像我們是老朋友。但在我的內心深處，卻嗅出了一絲詐騙集團的氣味。談話氣氛讓人沒有戒心，他知道我的名字，說是我的鄰居告訴他可以過來問問。我想辦法快速巧妙擺脫他，然後回到書房繼續寫作。有關這次的碰面，一開始我並沒有想太多，直到過了一個鐘頭後，感覺心神渙散、極度煩躁，而且反胃難耐，才認真思索起來。我平常正向的心情，不曉得因為什麼緣故感覺遭受污染，整個籠罩在一波似乎突然乍現的強烈天氣擾動之下。

或者該說是「晴天霹靂」。突然無緣無故淹沒我的是，自己內心裡面的批評家瘋狂大暴走，把那個下午我所做的每一件事情，都嫌棄得一文不值。假使我沒有留意我所接收到來自身體的訊號，以及內心那些口無遮攔、令人氣餒的瞎扯，那麼很可能會讓這一個事件占據心神，並日毀了我的一天。

不過，相反地，我感覺到不對勁，並且制止了它。當我能夠看出所經歷的情感天氣並不屬於自己，而是我的身體在處理那個大門前的會面，所產生的擾動效應時，就在這一刻，我就能啟動引擎，繼續往前走去。

我也發現自己一臉微笑，就在我需要說明一個重點時，老天便免費送了一個專為「測試」之用的贈品。當然，為了以防你無法立刻領悟，我所要說的重點是：「跟著你所知道的走」，絕對對你有利。

身體知情

如果你已經嘗試過到目前為止所介紹的清理練習，你可能已經注意到，你的身體所擁有的包括嗅覺、觸覺、視覺、聽覺、味覺與內在知覺等的非凡感受能力，使它可以成為豐富資訊的重要來源。

不幸的是，大多數人傾向於關閉或不理會這個驚人的資訊來源，主要仰賴理智來提供我們每天需要的重要訊息。而每一次當我們在事後批評自己，我們也再次讓理性來左右大局……

如果你思考一下，這樣的理智是通過我們過去層層污濁的濾網——我們的種種制約、恐懼、判斷與執念——後所形成的結果，那麼，它在傳送純粹、清晰的訊息之可靠性上，就可能大有疑問。

最佳的清理之道是，請你的理智退到一旁，讓你的感受來當你前進的嚮導。

沒有身體之助，你無法察覺家裡哪些地方是能量阻滯之處。沒有身體之助，你無法感知有可能造成身心傷害的情境。沒有身體之助，你無法全面體驗情感天氣形態的效應，以了解你的頑念所在。有關身體的重點是，它經常有辦法瞬間看清你的占有模式，而那是吵雜的理智所無法「觸知」一二的（一如字面意義所示）。

清理即感受

有一個重點需要先釐清：作為清理工具的「感受」，與情感的表達不可混為一談。

感受並非是表達性的行動，而是一種開放頻道的能力，讓各種訊息——無論張力高低——都可以簡單地在我們身上流通。

感受，需要某種層次的客觀抽離。儘管這聽起來似乎很弔詭，但你在接下來的章節中將得知，在感受的過程中，存在有一種「見證」的品質，它大大不同於我們相當熟悉的情感發洩或情緒化反應。感受，是我們對於來自環境訊息的一種回應方式。

而「回應」，可以打開我們的接收頻道，但情緒化反應則只會關上接納的大門。

所以，本書中所提及的清理程序，經常會要求你「感受自己的情緒」，而它的確切含意是：

1. 在你所能控制的範圍內，讓任何一種情感天氣——無論是風雨大作或晴朗無雲——**自然通過**。
2. 透過身體與非身體的感官，來**體驗**你所收到的訊息。如果訊息是兩手濕黏，就注意手的情況。如果訊息是內心的抗拒，就去體驗它的滋味。如果是噁心反胃，就讓它發作。如果是眼淚，就流出來。如果是羞恥，就接納它。
3. 最後（關鍵重點），**不要認同這些訊息**，不要認為自己是禍源，完全不要放在心上。只把它當作是一段天氣變化，給予我們訊息與回饋，如此而已，別無其他。

情緒是唯一真正的指標，它提供有關我們哪裡有通往最深慾望的大門，而在哪裡卻又掩門關上的訊息。比如，純粹的喜悅與毫不費力的輕鬆自在，顯示我們已經經過校正、恢復正常，而全然的衝突與不安則否。這個方法相當簡單易做。

跟著你所知道的走

人類就像無線電台，隨時可以接收與傳送如同能量的訊息。身體複雜的感受能力，是我們接收與傳送所有訊號的天線與處理中心。而感覺（本書稱為情緒）則給予我們方法去判讀與詮釋這些訊號。

雖然我們可以依賴所有的感官，從環境之中提取訊息，但許多人都只有一、兩種感官比較擅長。比如，我有一個高度發展的嗅覺，可以在看到一樣東西前，就聞到它。我可以聞出瓦斯漏氣，但大多數人卻很難做到。我可以聞出在路過的車子中有人吸菸，即便車窗並沒有打開！我甚至可以嗅出幾十年前，當時的屋主在屋子裡所留下的壓力形態（亦即「遺跡」）。當我協助清理別人的問題，或自己被清理之時，我可以嗅出能量的「揮發」。

你最常使用哪種感官？做做底下這個玩笑小測驗，看看能否協助你指認出，一般上你可能比較擅長使用的感官是哪幾種。當你跟某個人隨意聊天，最可能使用下列哪一個句子？

◎我**知道**你的意思。
◎我**明白**你的意思。
◎我**聽**得懂你所說的話。
◎我**感受**得到你在說的事情。
◎我整個人好像被**觸**動，好感動。
◎我剛好可以領略它的**滋味**。
◎我彷彿可以**看見**它的樣子。
◎即便一英里外，我用**聞**也**聞**得出來。
◎我**嗅**得出有麻煩事要發生。
◎我可以**想像**那件事。

當你展開你的清理之旅，請接受你的身體是已經高度發展的訊息泉源之一，而且它所提供的資訊可說無可辯駁。並且，觀察自己在一般上逐步從環境中接收、解讀與傳送訊號的方式為何。注意自己是否比較容易獲取視覺影像、聽覺聲響或運動知覺的訊息。當你了解自己的傾向後，就能夠協助自己察覺家裡哪些地方感覺不對勁，或能量阻塞不通。它也能協助你逐漸認清人們的真實動機，以及評估他們是否能與你的最高幸福相契合。並有利於你更容易從現在不屬於你、從一開始就不是你所造成的擾動感覺中，抽身而出。每天固定進行本書所使用的清理練習作法，將有助於發展出你的清醒意識，並進一步增強感受能力。

清理練習

逐步認清事物

當我們機械化地過日子，就不再接觸能使內心歡歌的事物與活動，而且整個人內縮成一團。現在，我們有機會可以逐步認清種種的感覺經驗，據以了解會讓你「悸動」的事物。請記住，這個練習沒有對錯好壞之別。某個人對於和諧的知覺與體驗，卻可能是另一個人對於痛苦的知覺與體驗。此中的要點是，你既能體驗一致性的能量模式，也能體驗不一致性的能量模式——這兩者皆是價值匪淺的老師，都能協助你在生活中做出更明智的抉擇。

再一次如同之前的提醒，你不需要為了這些簡單的練習而去「做」什麼。你只要開放你的感官（嗅覺、觸覺、視覺、味覺、聽覺、內在知覺），讓它們發聲，為你帶來啟迪的靈感。做自己的沉默見證人就好。

1. **選取物品**：挑一個你喜歡的小物品（亦即，你愛死了、你超愛慕、會讓你內心歡歌的東西），與另一個你不喜歡或沒有使用的小物品（亦即，雜物）。
2. **進入認識過程**：把那個雜物般的物品放在你身後，喜歡的物品則放在你身前。使用你的所有感官，全然「沉浸」在與你喜歡的物品共同存在的狀態。你所感到悸動的是什麼？當你的身體握著這個物品時，留意身體的動靜。觀察你對這項物品的想法與信念，但不要予以認同。你可以從與這件物品「同在」的狀態中，一點一滴獲得怎樣的訊息？
3. **更換並重複練習**：當你完整感受之後，把喜歡的這個物品改放在你身後，然後把那個雜物般的物品拿到身前來。重複進行第二項步驟。
4. **比較**：當你也完整感受過之後，把兩樣物品一起放到身前來。當你依次分別感受這兩樣東西，可以感覺到兩者間的能量差異嗎？在你的清理日記上記錄所有的感受。

清理日記

利用記錄的機會，來反省你對討你歡心或使你厭惡之事物的感受體驗。

◎在我有意識地分別進入兩個物品的認識過程中，我注意到的巨大差異是＿＿＿＿

◎感受資料的來源，主要是來自於＿＿＿＿（請挑選你所使用的一個或多個感官：嗅覺、觸覺、視覺、聽覺、味覺、內在知覺）

◎為了支持自己，一件我現在（或今天）可以做的事情是＿＿＿＿

◎我近來有過一個不舒服情緒，現在可以知道那並非屬於我的，那是＿＿＿＿

08 調整意識的頻率

再近一點，傾身靠近，滿懷好奇心；
片刻就好，不帶既定陳見、沒有好壞之別，去體驗情緒。
歡迎它，邀請它，做任何有助於融化抗拒的事情。

——佩瑪．丘卓（Pema Chödrön）

「最近怎麼樣？」

當人們路過碰到這麼問我時，我的第一個衝動是全盤托出自己的故事，即便知道他們只是出於禮貌與友善而已。他們並不真的想知道：

◎我昨天晚上失眠。
◎今天早上我煮的咖啡嚐起來好苦——順便問一下，最近的一家星巴克在哪兒？
◎我討厭總是不得不跟在每個人後面收拾東西。
◎我已經好多天沒有進展了，感覺自己就像條笨鯨魚。
◎我好餓，脾氣又不好。
◎我到底搞什麼鬼，怎麼會穿上這雙鞋子……我的兩隻腳快痛死了。
◎該死，真希望買了昨天看見在打折的那件夾克。難以相信自己居然讓機會溜走。
◎我的膝蓋痛有一天會消失嗎？
◎我沒辦法處理每個人的抱怨。

但我通常只回一句「還不錯！」——帶著虛假的快樂（以及一點輕快的音調），彷彿真正的我並不在現場。不過，這只是為了讓對話走下去而已。

這就是我機械化生活的樣子。

所以，你會以如何感覺起來比較真實的方式來回答呢？尤其是在你十萬火急，腦子裡有成千上萬的事情在打轉時？

如果下回有人問你「還好嗎？最近在做什麼？」，而你跳過紛雜的故事（反正也沒有人真的想聽），直接去認識**藏在故事後面的情緒**，那會怎麼樣？把與這個人的相遇看作是一個機會，去靜靜檢視自己的生活，無論感受到什麼情緒，你都讓它浮現出來——而且（關鍵是）不去判斷它，或試圖做什麼去修補它。

在我的清理世界中，使這個練習成為最基本、最有效力的方法之一的原因如下：

◎它只花你極少的時間。
◎你會愈來愈能與真正的自己同時並存。
◎你會愈來愈能協助你的對話者。
◎你會愈來愈與你的周遭環境同時並存。
◎你只要去觀察與感受壓力，就能清除它。
◎你會愈來愈能辨別，一般你是如何度過你的時間，以及在做什麼事情。
◎你會愈來愈能辨別，該選擇與誰一起出門溜達（亦即，選擇會讓你感覺良好的某個人）。

覺醒，這將帶給你巨大的轉變。從覺醒之巔**回應**萬物，會改變一切。

清理練習

逐步認清此時此刻

請閉上雙眼。好好地、輕鬆地吸一口氣，然後再慢慢地呼出來，直到排空為止。花幾分鐘將所有的念頭與壓力呼出去，並吸進純粹的意識與可能性。

當你感覺心神集中，觀察你此刻所感受到的種種，並且不要壓抑。使用底下列出的提示，從頭頂至腳趾尖做一次全身性的掃描檢視。

留意所有的感覺、思緒與情感，讓它們一一浮現。如果你感覺無法甩開一項煩惱、一樁怨恨或一個負擔，你只須觀察它就好。

身體

◎身體是緊繃、縮緊的嗎？如果是，詳細的部位為何？

◎呼吸的情況如何？很淺嗎？或是飽滿與放鬆？

◎嘴巴感覺很乾嗎？你口渴嗎？

◎你有觀察到其他的感覺嗎？比如心跳速率改變、胃部不適、掌心出汗、關節痛、疲勞，或任何其他症狀？

◎你感到疲倦、打呵欠、心不在焉、無聊嗎？或者你覺得自己很專注、很有活力、很興奮？

思緒

◎你覺得腦袋昏沉或清明？

◎你處在工作模式中時會進行分析、批評或嘮叨嗎？

◎你會反覆咀嚼一個念頭，或為某件事或某個人擔心嗎？

◎你會反覆打轉在種種後悔或馬後砲的念頭之中嗎？

情感

◎你會突然感到一陣痛苦情緒，比如悲傷、憂愁、恐懼等嗎？

◎你會懷恨在心嗎？

◎有人惹惱了你嗎？如果是，你可以在身體的哪個部位中感受到怒氣？

◎你感覺自己脾氣不好或很氣惱嗎？如果是，這樣的壞脾氣或氣惱感覺起來如何？它是沉重的、緊繃的、緊縮的、疼痛的、阻塞的嗎？

◎你會感覺壓力很大、被壓垮、被榨乾嗎？

◎你會感覺情緒化、激動不安、煩躁、失衡、反胃、一下子就不舒服起來嗎？

當你完成整趟感受的過程，請張開眼睛，觀察你現在的感覺如何。注意你的感覺與開始做練習之前是否相同。

清理日記

完整填寫以下的陳述句子（提醒你記得，此處的要訣是，去觀察任何進入你的意識的事物，不要抗拒它。你可能會注意到，藉由作為見證者的角色，任何你所感受到的不舒服情緒，都可能很快就變得讓你感覺好多了，甚至變成正面的感覺）。

◎在進行清理練習之前，我的感覺是＿＿＿＿＿＿

◎當我開放自己去感受情緒，就出現了＿＿＿＿＿＿

◎對我來說，開放自己去感受所有情緒，並不成問題，因為＿＿＿＿＿＿

◎我最容易感受到的某些感覺，顯示出＿＿＿＿＿＿

◎自從我開始清理之旅，我所經歷到的某些轉變、巧合事件或夢境，包括有＿＿＿＿＿＿

＿＿＿＿＿＿＿＿＿＿＿＿

覺醒

◎混亂呈現出多種形式，並有多種面貌：它既是有形，亦是無形；它是稱之為「情感天氣」的失衡徵象；它是自我設限的信念，會遮掩我們的真正自我；它也是阻滯的能量。

◎任何時候當我們被某個人、地點或問題觸怒，這意謂著我們擁有某種擾動的能量。

◎藉由感受「情感天氣」變化，來見證情緒起伏，並且不執迷於它，將可釋放負面能量。

◎人的心理是一部威力強大的發電機，我們無法關掉它，只能導引它的走向。

◎恐懼會製造壓力化學分子周流全身，並影響身體的生理機轉。

◎能量不帶有任何惡意；它並不在乎我們這一天是否過得不好。

◎「細繩般的牽絆」，是黏滯的能量羈絆，可以把人與事物彼此拴在一起；這種牽絆會如影隨形跟著我們，除非經過清理，不然在數量上只會有增無減。

◎「遺跡」，是具有高度張力的壓力模式，會沾黏在環境之中；它擁有強大的磁場，如果未被清理，就會吸引更多同類的事物。

◎我們所感受到的大多數壓力，並非屬於我們自身所有；只有在我們認同它時，它才會成為我們的一部分。

◎身體提供最佳的有形與無形能力，讓我們能變得更有意識，並且接受引導。

◎擁有覺醒的意識，可以改變一切。

PART

II

意向：轉移焦點

當你改變看待事物的方式，
你所觀看的事物也會跟著改變。

——**韋恩·戴爾博士**（Dr. Wayne Dyer）

09 清理的意向

選擇樂觀，選擇行動，選擇卓越，永遠為時不晚。
最棒的消息是，做決定只須花上一點時間——只要一秒鐘就可以完成。

——賽思・高登（Seth Godin）

心之所向，能量隨之

我們的心，就像是注意力持續時間短暫的小孩，只跟著有趣的與可以到手的東西打轉。幾分鐘過後，小孩一感到無聊，就轉往下一個目標。沒有父母持續的關注，小孩會追著實際上並不符合他最佳利益的事情跑，比如廚房的菜刀、快速的車流、放在浴室洗手台下的通樂罐。同樣地，不「用心留意」——這是不帶好壞論斷、有意識地觀照我們的想法與情緒的表現——的話，我們的心也很容易會轉到負面影像、萬劫不復的預言、八卦、無止盡的嘮叨上頭。

想要有意識地過生活與進行清理，這意謂著，每一次當小孩又跑去進行玩耍探險時，一定要把他拉回正途來。無論身陷憂慮或自疑的混亂之中，我們的任務都是把種種牽絆的「細繩」給回捲收齊，並給予它一個更為正面的新方向。

我們必須一而再、再而三努力這麼做。

我們稱為「心」的這個超級具有彈性的事物，可以成為你懷抱目標清理混亂時的有力工具。心就像小孩一樣，如果你願意留意它，而且不以混雜的訊息讓它困惑，相對來說，在實際上很容易重新引導它。這個「小孩」可能會鬧脾氣，但經由練習與耐心，它也能照亮一條通往無限喜樂、單純與清明的新道路。

強而有力的清理意向

帶有意圖地進行清理，是讓你的「更高自我」——屬於你的具有高度覺醒意識的部分——與你頑童般莽撞的心進行溝通，也是持續引導它朝向你渴望的方向前進的方法。這不只是帶有目的、簡單地指引或指導你的想法而已。你的意向如同一部威力十足的機器裡全速運轉的引擎，誰也無法輕忽它的重要性。然而，有兩個注意事項要提醒你：

1. **清楚自己如何陳述、聯想、想像、感受你的意向**。引擎一旦啟動，就會帶來結果！如果你想像與感受生活中擁有更多金錢上的富足，並且以一種樂觀、希望與寬闊的感受注入其中，那麼老天將會以同樣的事物回報給你。然而，如果你送出了一個要求富足的訊息，卻加入憂慮、不足或貧困的色彩，老天就會給你更多不足來回應你不足的訊息。簡言之，你所傳送的情緒品質將決定你所獲得的東西。

2. **拋開對於事情結果的執念**。結果並不總是以你所期待的形式，或整套成組一次到來。如果緊緊執著於日程、期待、時間表，你將關閉引領你通往從未想像之地的大門。你此時唯一的任務是，去表達（與感受）你的意向，並且不要成為阻礙自己前進的路障！

在第二篇裡的故事、清理練習與日記習題，都將帶給你更多增進意識力的演練，並以清晰的思路與寬闊的客觀觀點，來重新導引你的想法。而每一章或多或少都會提醒你慢慢來、一切簡單去做就好——要永遠將它奉為守則。

10 朝向意識的凝聚

一旦你做了決定，宇宙將一起密謀實現你的目標。

——勞夫．沃爾多．愛默生

我知道沒有任何手冊可以告訴我們，如何解構與重塑生活；想當然爾沒有任何井然有序的程序單，可以讓我們輕鬆地一項一項跟著照做。當我在二十年的成功生涯高點上辭去教職時，肯定沒有任何使用指南可以參考。

如果你讀過本書的序言，就會知道一些我如何走入這個清理事業的因由。我在序言中分享了我從一位有津貼保障的專業人士，如何——有意地——變為失業的無名小卒之過程。

然而，我並沒有談到，這樣的轉變實際上是如何在我身上發生的；老天如何一起密謀協助我向前踏入一個全新的方向，而我的「**更高自我**」無疑在幕後也巧妙做出改向的調整。許多線索以幾乎難以察覺的低語，最後聚形成一個單純的提問，以及意外相贈的一本書。

鼓舞著我們的一些關鍵際遇，經常會潛進我們的後門等待時機。在我的這兩個奇妙機會中的第一個是，在一個派對裡我被問及是否有名片。於是開始思索著：名片？我的名片？

這個單純的提問，真的對我產生了影響；它釋放許多意料之外、充滿活力的可能性。「嗯……一張我的名片。」這個問題刺激我去思考，如果我有名片可以示人的話，上面要寫些什麼呢？它輕輕敲進一個自始至終都知道答案的地方——那就是我的心。「家屋照護怎麼樣？……涵養住家空間……宜家空間……療癒家屋……居家感受……」這些詞句宛如小霓虹燈招牌在腦際明滅不定，而我的心則掃描無線電波，尋找自己的理想生活與新身分看起來與感覺起來可能會有的答案。內心裡把玩著新點子、喚醒新的可能性，真的讓人感覺很好。在我沒有薪水可領的休息期間，一直體驗到漫無目的的漂浮晃蕩，突然之間，我感覺這樣的漂流受到了導引。

那只是一個簡單的練習。給大腦一個問題去反覆咀嚼，就能帶領你去到未曾想像過的可能地方。在琢磨一些片段詞句來設計自己的宣傳詞，讓我美妙地體味著，把橫跨四十多年的人生經驗一點一滴串連起來的驚喜：我回想起小時候就很喜歡創造出漂亮的家居空間，以及青少女時期所進行的形而上學的思索之旅。這個名片問題帶我回溯記憶所及的早年時光，為我揭露出一個我早已無意識地默默培養的全新人生方向。事情的意義於是逐漸開始明朗起來。

在這個重大的頓悟時刻之後幾天，就出現了第二個關鍵際遇：一本有關空間清理的書，無預警地送到我的前門來，而送書的人我幾乎不算認識。附上的一張紙條，上面寫著：「我想妳可能會對這本書感興趣」。一想到在我需要時就得到所需要的東西，著實令我訝異連連。

如果名片問題所引發的思考練習如同收到一把特別的鑰匙，那麼這本送給我的有關空間清理的書，就像是一扇大門，那把鑰匙將為我開啟一條特殊通道。這個大門會領我踏上通往下一個入口的小徑，然後再通往下一個入口；只有在我準備好去理解與經歷新事物時，才為我揭示新的開端。這些路徑四處延伸在廣袤的土地上，而且並非總是平坦舒服或容易行走，卻引領我到達自己未曾計畫或預料的地點，即便我曾經努力嘗試。

清理練習

朝向意識化的過程

在此，你有機會去闡明與「留意」你靈魂中最深的騷動。請在一張紙上或日記本中，花幾分鐘來設計名片上的圖案標誌，並附上一句宣傳詞，藉以表達出你希望別人認識你的方式，並且要反映出一個擁有非凡抱負的「全新的你」。

用不著費力挖空心思。只是開放機會給你的「最高與最佳自我」來指點你就好。當你感覺完成之後，接下來就去填寫底下清理日記的陳述句子。

要開開心心地做這個練習！觀察你在練習之前、練習期間與練習之後的感受。留意這是否燃起你的活力，以及讓你感受轉變的過程。請記錄這個練習所帶給你的任何驚奇之處。

清理日記

請在你的日記中花幾分鐘反省以下的問題。

◎請看！歡迎新的「我」到來！（我現在可以很有把握地將這個我描述為＿＿＿＿）

◎我可以積極實現這個有力量的新我，而我用的方式包括有＿＿＿＿

◎能夠朝向我的最深渴盼與願望前進，真的感覺很好，因為＿＿＿＿

◎當我注意我的內心生活（朝向意識化），我觀察到有這些低語（徵兆、微光）出現，包括：＿＿＿＿

11 想像的行動

我們並非注定是完美的人；我們注定成為完整的人。

——珍・芳達（Jane Fonda）

在我們的女兒出生之後，很明顯地，位在市區的舒適房子已經不夠用了，於是我的丈夫與我開始在比較安靜、比較不都市化的社區尋找新住屋。我們對於這場尋找過程最後會落腳何處，可說毫無概念。為了好玩之故，我們會在週末開車到喜歡的地區看房子，即便已經出了州界，或者是我們根本買不起的地段，都會順道看一看。那些兩側樹木林立、一派寧靜的街上的維多利亞式房子，是我們拍照的對象，因為，這樣的房子最符合我們所愛的條件，也是我們夢想有一天可以入住其中的家。這些相片之後都會收進我們的「夢寐以求」相簿之中。我們並沒有太執意要住在哪個街區，也沒有經常擔驚受怕於，這些地區大多數的房子都超出我們的購買能力，只是讓自己享受這個過程，並且表現得彷彿我們也住在類似的地區之中。我想像我的車就停在某棟房子旁的車道上；我會指著某扇窗說那是我們的臥室；我會思考重新粉刷房子正面可能挑選的顏色。

幾年過後，有一天我們受邀午宴，前往位在我們西邊二十英里開外的一名友人的家。她的房子坐落在一個小鎮上，我們之前從未考慮過來這個地點看房子，對該地幾乎完全沒有概念。小鎮到處林立著高大結實的橡樹、楓樹，以及一幢幢上百年維多利亞式的優雅房子，而且街道寬敞、令人欣喜。此地的房子看上去跟兩年前我們在其他州所拍攝的那個街區，幾乎可說是一模一樣！甚至有一棟可愛房子的前面草坪上，立著一根「出售」牌子，立即吸引了我們的目光，而且價錢在我們的預算之內。在那天，我們理解到，這個小鎮是我們真正的希望所在。大約不到六個月的時間，我們就入住這棟夢想中的房子。對我們來說，很清楚地，對於自己所想要的房子與可能的願景，抱持著強烈的意向，使得這個地點顯現在我們眼前。

有關這種想像的事情，並沒有大祕密。如果你的心渴望居住在一間明亮、乾淨、平和的房子，四周只圍繞著美麗的植物，就可以藉由剪下雜誌中符合這個寬闊特質的圖片來開始想像，你也可以買鮮花或盆栽回家提醒自己。如果你渴慕一位生命伴侶，你可以從給予這個人形象開始做起，或許甚至清空一、兩個抽屜、多買一支牙刷，來吸引這種可能性。

在你清理混亂之前、清理期間或清理之後，去創造一幅畫面，來描述你希望自己的生活看起來與感覺起來的樣子，這將會傳遞出強而有力的訊息到你的潛意識裡面。潛意識無法分辨真實與夢想中的畫面之間的差異。讓自己處身在這些畫面的能量印記之中，潛意識將開始以這些強力意向為基礎，組構出一個全新的現實。事實上，只是讀著這些字句，你的潛意識就已經運作起來了！

清理練習

為自己重新創造一幅更為空闊的遠景，就好比鍛鍊一條新肌肉。由於單單是正向的畫面就擁有高度的振動能量，這些畫面會變得非常具有吸引力，而且能夠時時提醒你那個可能實現的希望。假裝自己已經實現了心中最深的夢想，也是一件有趣的事。請牢記，如果聚焦在某項特質的負面因素之上（亦即，害怕無法得到，或種種可能無法實現的原因），也同樣有效用，會導致產生負面性的結果，所以要盡可能鬆懈恐懼的感受。

你可以藉由僅僅去意識到自己渴望的事物，來保持正向態度與集中心神，並且當你的心又如頑童般往相反方向跑去時，立刻阻止它。

馳騁想像

以下是鍛鍊這條想像肌肉的一些方法（請注意，要記得以玩樂的心情來練習，而且把對結果的執念拋到九霄雲外！）：

◎**聚焦願望主題**：拍下別人的住家、街道、庭院、嬰孩、車子等的照片，然後放在你最可能經常看到的地方，比如螢幕保護程式圖像、冰箱、車子、浴室的鏡子、「夢寐以求相簿」等。當你感覺這些畫面已經沒有吸引力，或你不再看它們，就置換相片或改成新主題。

◎**敢於做大夢**：展示某個啟迪你的人的照片；或是某個勇於蔑視巨大逆境，進而獲致不可置信的巔峰成就與個人權力的名人，比如歐普拉（Oprah Winfrey）、約翰·藍儂（John Lennon）或曼德拉（Nelson Mandela）。

◎**營造有錢的感受**：從銀行換取一百張的一元鈔票，然後整個撒在地板上或你的床鋪上，或者直接拋向空中，彷彿你剛剛中了頭彩獎金。

◎**銷售心想事成**：顯眼地展示你要出售的房子的照片，照片上的房子前面寫上大大的「已售出」字樣。如果你願意的話，可以在照片下方寫上「已售出！而且價錢比目標價好很多！」。

◎**打造吸引力**：清空一個抽屜、買另一支牙刷、打另一副鑰匙，據以吸引你的生命伴侶。買一件嬰兒服或玩具，吸引你的孩子來到世上，或者請人拍下你懷裡抱著嬰兒的模樣。

清理日記

當你完成了以上一個或多個練習（或是你自己所設想的版本）之後，花幾分鐘來思考什麼是你最渴望的事物。即使你還沒有任何靈感，依然花一點時間在日記上寫下想法。有時只是寫下讓你感覺受困的事物，也會創造新契機，引發新點子。

◎我現在最渴望的事物是＿＿＿＿＿

◎這個「假裝」的遊戲對我來說容易上手又好玩，因為＿＿＿＿＿

◎去想像我最渴望的事物，讓我感覺＿＿＿＿＿（請留意任何抗拒的感受）

◎為了吸引最渴望的事物，一件我今天（或本週每一天）可以做的簡單的事是＿＿＿＿＿

12 時時感恩

在你的一生當中，如果所知道的禱詞就只是一句「謝謝」，那也已經足夠。

——埃克哈特大師（Meister Eckhart）

如果有意識地持續進行一分鐘的感恩，會發生什麼事——這是有一天早上起床前我問自己的問題。因為突然出現要我「感謝一切」的指令。

所以，我就這麼做了——而且是以童書《晚安月亮》（*Goodnight Moon*）裡的方式來做。我花上整整一分鐘的時間，來感謝我所經歷的每一件事，作為迎接每一天的準備工作的序曲：

謝謝你，身體，讓我可以睡上整晚（連一次起床尿尿都沒有）。謝謝你，床鋪，因為你是這麼柔軟舒適。謝謝你，內衣，讓我可以在打折時買到你。謝謝手臂跟腿，你們是如此靈活，讓我穿衣服輕而易舉。謝謝軋軋作響的衣櫥門板，提醒我要滿懷感恩。謝謝呼吸……

我會如此沒完沒了說下去，一分鐘的感恩最後倒像是花了五分鐘。在那一天稍後，當我思索著這個作法的意義，我留意到以下的事情：

◎我更有存在感。
◎我所感謝的那些事情，我通常都視作理所當然，不會多加注意。
◎當我打開衣櫥的門，門板總是斥責我沒有修好它，始終發出咯吱聲，但我卻沒有慣常的反應發作。
◎我連一次都沒有批評我的身體。
◎我感覺真的很好。

感恩與清理，兩者是一對好伴侶。

感恩即清理

在我們的清理之旅上，沒有所謂急就章的解決之道，這可能所言不假，但是，如果我在清理方面有習得任何訣竅的話，那就是時時刻刻對一切抱持感恩之心，就能改變混亂的振動能量，並且為你創造出奇蹟來！如同梅樂蒂・碧媞（Melody Beattie）在《放手之語日記》（*The Language of Letting Go Journal*）一書中如此美妙分享的：

> 感恩揭示出生命的完滿。感恩把我們所擁有的一切變得足夠、更多。感恩把拒絕變接納、混亂變秩序、困惑變清明。感恩將粗食變盛宴、房子變住家、陌生人變朋友……感恩讓我們的過去有了意義，給今日帶來平和，並為明日創造願景。感恩使萬事順遂。

在我們培養更空闊生活的方法清單上，「感恩」可謂名列前茅。表達感謝這個作法的能量狀態富吸引力、具創造性，並擁有轉化等的特性，對於想要頃刻改變生活來說，是一個不可多得的竅門。而且，它僅僅需要你一點點用心專注的能力而已。

不要只是相信我，要嘗試去做看看。把那些使你停下來思考或讓你受苦呻吟、退卻不前的事情，逐一列成一張表。或許是成人型面皰困擾你，或是愈積愈多的帳單、音樂放太大聲的鄰居、每年春天入侵廚房的螞蟻雄兵……在讓你抓狂。對你生活中的這些事情，表達你的感恩之情，像款待老友般地歡迎這些事情的到來。

藉由轉移焦點，來看看是否可以觀察到此前沒有的事情發生。比如說，當我把廚房裡的所有螞蟻命名為「貝托」（Beto；取這個名字並沒有什麼特別的原因，除了我還蠻喜歡它，另外是它的發音聽起來很像西班牙文「vete」，意思是「走開」）之後，我開始跟這些螞蟻有了截然不同的關係。牠們不再那麼困擾我，而且，信不信由你，這些螞蟻也停止成群入侵廚房。事實上，仔細一想的話，牠們如今已不再出現在廚房裡了。

我現在注意到，如果給予電話行銷人員親切的問候，而不是直接把電話掛上，之後我就比較不會感覺煩躁。我還觀察到，這種推銷電話後來就幾乎沒有了！而過去塞爆信箱的商店型錄廣告也同樣愈來愈少。當我們解放了原先對於某些人、事、物或問題，所持有的緊張關係後，這些對象就會逐漸減少。

感恩的作法，經常會神奇地降低我們對人對事所持續存在的緊張關係。它會停止無止盡的負面力量之循環，解開惱人的牽絆羅網。對每件事情抱持正向的看法，可能會使你成為那些愛嘲弄的朋友不斷譏笑的對象，但就讓我們面對這樣的處境吧！因為，這樣的作法非常具有引力效果，將會為你吸引來更多的正向能量。

天天都把「謝謝你」當作咒語來念。感謝公車司機、女服務生、郵差、空姐（空少）、機長。感謝你的老師、醫生、雜貨店店員、合作同事。對你吃的食物、穿的衣服、睡的床，抱持感恩之心。感謝你的家人。感謝你的身體尋求平衡的奇蹟。感謝上蒼讓你獲得種種支持的力量（大多數人甚至都沒有意識到），並給予你成長茁壯的機會。感謝你的生命。假使你有時發現這麼做對你太難的話，就只要表現出一副心懷感恩的樣子就好。假裝這麼去做，並感受它所挑起的抗拒感受。

所以，你的感謝對象為何？當你感受感恩之情並說出感恩的對象，你觀察到什麼？而當你力行底下所列出的冥想方法時，又注意到了什麼？

清理練習

常保感恩之心

以下兩個方法，可以讓你天天保有感恩之心：

你可以從這一刻就開始，對想感謝的對象、讓你感覺良好的事物、使生活運轉的關鍵要素，以及你所熱愛的事物，做出連續一分鐘的評論。

如果你感覺有抱怨或不滿從內心浮現，要立刻察覺，並且以「甩掉它」或「別那麼想」等警告句，大聲喝叱自己離開這些念頭，然後讓自己從比較鼓舞人心、比較正面的方式來重新思考事情。比如，「我已經來不及了」，可以換成「我一定做得到」。

藉由將思緒的焦點集中在「**所擁有的事物**」，而非「所欠缺的事物」，看看你是否觀察到此前未曾注意到的事情。假使這個練習引發了某些壓力，請把它當作是讓你暫停一下的訊號，然後就停下來感受自己的心情。

或者，也可以採用底下所介紹的冥想方法，來深化自己的感恩經驗，並使自己的心靈平靜；而且你要在清理日記中持續進行冥想後的反省過程。

「感恩態度法」的冥想技巧

如果你沒有其他作法來加強對「輕盈的家居環境」與「清明的生活品質」的追求，那麼你可以每天做這個簡單的練習。這個方法受到不屬於任何教派的一個簡單冥想技巧所啟發，是我幾年前住在墨西哥期間，從一群稱為「伊夏亞團體」（Ishaya）的修道人那裡學到的方法。方法如下：

1. 找一個舒服的地方坐下來。
2. 閉上雙眼，輕鬆地、好好地吸氣進來，然後再把氣慢慢地全呼出去。持續進行深呼吸，直到你感覺十分放鬆為止。

3. 把第一個句子「為了我的家，我要謝謝你，＿＿＿＿＿＿」**嵌進自己的意識**之中（請填入你在描述有關神聖或至高力量的概念時，所使用的字眼——這可以是任何事物或任何人，而且也會隨著時間不同而變化）。

4. 讓你心中的念頭來來去去，並留意這些念頭所帶給你的感受。

5. 如果你願意的話，可以重複上述那個句子，或者把感恩的原因移至下一個對象：「為了我的身體，謝謝你，＿＿＿＿＿＿」。

6. **再次注意你的思緒**。留意你的身體是否有任何緊繃或抗拒。觀察你的呼吸。

7. 複述最後這個句子：「為了我的生活，謝謝你，＿＿＿＿＿＿」。

8. **慢慢來**。避免進行過快的傾向。

9. 當你感覺完成之後，張開雙眼。輕鬆地、好好地吸氣進來，然後再把氣慢慢地全呼出去。動一動你的手指與腳趾。

10. 依照底下清理日記上的提示，寫下你的反省。

清理日記

在你有機會做了上述的冥想之後，花一點時間完成下述的句子。

◎當我表達感謝時，我留意並感受到在我的身體中所出現的某些感覺，包括有________

◎當我表達感謝時，我在心中想到________

◎對我來說，能夠很容易對一切表達感恩之情（請附帶說明容易的程度），其中的原因是________

◎可以讓我在生活中，更規律地採行感恩態度的作法是________

13 祝福與放手

象徵的或儀式的經驗再真切不過，而且會如同實際事件一般對人產生影響。

——羅伯特．強森（Robert A. Johnson）

當我第一次為自己的家進行空間清理作業，便驚駭地發現，我這個人屬於那種默默不動聲色的「混亂上癮症者」。我的房子向來非常整潔、井然有序，但卻塞進了超過它所能負荷的大量東西。對於那些認為我們這種「愛整潔的傢伙」是某種非凡「神童」的人來說，在了解到下面的道理時，可能會鬆了一口氣：有條不紊與清明空闊並不總是同一回事——至少我就屬於這種狀況。所以，這正是我去檢視所有東西，與反省造成這種有害的松鼠囤積性格原因的好時機。

一個秋天的週末，我的丈夫與我突然有個很棒的點子，就是把裝著二十年來我們各自職業生涯中所累積的東西的箱子，全部都拿出來看一看。我有著數不盡的紙板箱，裡面裝著過去指定給我那所中學的學生所做的每一份小考、大考、作業題目、文章摘要等教學資料；甚至保留著好幾份影印本，「以防」萬一我需要額外的一整套資料。有一些用紫色油墨油印出來的指定作業，是用標準打字機打出來的，而且固定紙張的夾子都已經生鏽陳舊。當我整理完畢後，數以百計的這些夾子堆得像座小山一般！我所保存的東西數量實在驚人，可以上溯至開始教學生涯的一九七六年。

整理工作花了整個下午的時間，連同隔天下午也是。成箱、成袋的紙張排列在屋前人行道上，等待每週按時經過的回收車。我的教學生涯中所有的有形證據，全部都裝進這些袋子、箱子之中。

大約幾天後當回收車駛來之際，我注視著「垃圾之神」搬走所有的袋子。我顫抖的雙手聚攏成感恩與祝福的祈禱手勢，一邊看著我的前半生所有物事永遠離我而去。在當時我還不知道有關「如細繩般的牽絆」的概念，只是感覺到難以言喻的輕盈！之後有好幾天整個人都持續輕飄飄的。

我偶然遇見一個認識的人，她隨口提到要把自己那台直立式小鋼琴賣掉的事。她想要趕快搬走它，所以提出的售價相當誘人。啊，一台鋼琴耶。我的思緒開始轉動，幾個鐘頭後還想著這件事。這就是我們騰出空間的意義了。有時我們並不了解騰出空間所為何來，而當我們無所期待之時，看到後來發生的事情，可以說極為有趣。我在當時還不了解其間的道理，但正好創造出一個空間，讓音樂可以走入我們的生活，同時也為新友誼創造出空間。賣鋼琴給我們的人，此後就成為我們最親愛的友人之一。

儀式的力量

如果你認為，夢是你的潛意識心靈在你入睡時，以特別的象徵符碼來跟你溝通的方式，那麼，儀式就是你在清醒時，反向跟你的潛意識進行有意識溝通的一個方法。對於潛意識的心靈來說，「真實的現場行動」與「帶有意識意圖的儀式」兩者並無差別。藉由創造一個放手儀式——比如，在家裡的個人祭壇上，放上一個象徵你的混亂生活的物品，就是一個放手儀式——你就能傳送有力的訊息給予潛意識：拋開混亂生活絕對可行，甚至會很有趣。

儀式是讓你的意向堅定不移的好方法。它有助於你去按摩、軟化、鬆開頑固的占有模式，並將內心的渴望帶進你的意識現實之中。如同羅伯特・強森在《承認自身的陰影》（*Owning Your Own Shadow*）一書中所說的：

> 你可以描畫它、雕刻它、寫一個有關它的生動故事、逗弄它、燒個什麼東西，或埋了它——任何可以來表達那個東西而不會造成傷害的方式都可以……請記得，象徵的或儀式的經驗再真切不過，而且會如同實際事件一般，對人產生影響。

你可以做什麼樣的儀式，來祝福與拋開不再對你有用、也不再支持你的事物呢？可以試著參考底下列出的清理練習，使用其中一個方法來幫助你起步；也可以在自己的住家或工作地點中的一個寧靜角落，製作一個小型的「放手祭壇」，讓屬於你的儀式增加一點額外的活力。把焦點放在堅定與擴大你的意向之上，將會產生很大的力量。

清理練習

請從底下所列出的清理儀式，選擇其中一個來進行，或者也可以創造屬於自己的變奏版本。留意自己在進行前後的感受。

一分鐘的清理與放手儀式

◎**分離儀式**：反覆對自己誦念：「這不是我的」。無論你在什麼時候感覺到有某種情感天氣突然悄悄來襲，請想像它被風吹走（剝落、遠離、融化）。

◎**清空儀式**：在泡澡或淋浴之後，請想像排掉的水為你帶走了舊有的能量、思緒與信念。

◎**空間清理儀式**：藉由燃香與／或拍手、搖動撥浪鼓、敲鐘等動作，來清理某些陳舊事物，或者準備一個空間來迎接新事物。

◎**燃燒儀式**：帶著感恩的心情，燃燒相片、信件或寫在紙上的某些想法，用以揮別舊事物。

◎**軟化儀式**：想像你對難題或事物的緊抓不放，漸漸軟化、鬆開、融解與／或脫落，由此得到釋放。

◎**解脫儀式**：寫一封給某人的信，假裝你要去寄信，不過卻懷著感恩之心祝福它，並把它燒掉。

◎**放手儀式**：創造一個特別的放手儀式，使用一個小物件用來象徵你的占有模式。然後把這個物件放上特別的祭壇之上，藉以堅定你的意向。祝願它得到天佑，並在你吐氣之際，以感恩之心釋放它。

清理日記

在你有機會進行象徵清理練習之後，花一點時間在日記中反省你的操作經驗。

◎我被吸引去做＿＿＿＿的祝福與放手儀式，原因是＿＿＿＿

◎在完成儀式時，我感覺＿＿＿＿

◎對我來說，進行＿＿＿＿的祝福與放手儀式，並不成問題，原因是＿＿＿＿

◎我現在最能夠從容放手的事情是＿＿＿＿

◎本週的每一天，為了支持我決心拋開對這個東西（或思緒、情感）的執念，我可以做的一件事是＿＿＿＿

14 我已足夠

有時候，我忘記吃午餐。所以，三點半一到，就朝著一大堆油膩的外帶食品進攻。
我狼吞虎嚥，幾乎沒有呼吸，就像個只剩下幾分鐘天亮要砍頭的死刑犯。
沒錯，在我停下來兩分鐘後，我感覺自己就要死掉……
怎麼回事？為何當我足夠的時候，卻感覺失落？

——梅林．曼寧（Merlin Mann），《今日關鍵事》（*What Matters Now*）

大吃特吃並無關飲食。而過度努力、想太多、沒完沒了地講話、買超過自己需要或可能用上的東西，以及盲目地花時間黏在電腦、電視機或手持裝置上，同樣可能背離了目的。

我肯定都與以上所有這些行為有關，特別是涉及了我完美主義的需求之時。有時分析事情到了鑽牛角尖的地步，我的腦子居然沒有因此爆開，說起來還真令人驚訝。

不過，無論什麼時候，當我突然發覺自己正陷入任何一種過度行為之中時，卻有一個很棒的應對策略：我會對自己講三個句子。

這三個簡單的句子寫在紙上，看起來似乎沒什麼特別，但只要你「有意識地」將這三個句子放進你的清理與察覺的日常實踐之中，就會擁有神奇的力量。

我已經夠好
我什麼也不缺
一切都已足夠

大聲念出這些字句，你會有什麼感覺？

軟化態度法

你剛剛念過的句子，屬於由四組句子所構成的系列的第一組；我分別使用這四組句子，來支持任何屬於有形混亂、心理混亂或情感混亂的清理作業。我將這些句子稱之為「軟化態度法」，因為它們的目的都是用來軟化與拋開那些導致壓力和無路可出的信念模式。「軟化態度法」與（第十二章介紹的）「感恩態度法」，兩者都有助於解開心理噪音與情感負荷所形成的羈絆。而它們也有利於堅定你的清理與放手意向。

這些句子並非用來取代你的思緒，反而是用來提高它的振動能量，促使各種念頭之間的空間可以持續擴大。如果你沒有其他作法，來加強你對輕盈的家居環境與清明的生活品質的追求，那麼建議你可以將任一組句子鑲嵌進你的意識之中。

有關這個練習所帶來的體驗，可能會大大地因人而異。對我來說，幾分鐘的改變態度練習（一天做兩、三次，或只要一想到就做），讓我感覺更踏實、心情更寬闊。它可以讓我的神經系統放鬆下來。我比較不會感覺黏滯、昏沉、淤塞（沒錯，我的鼻腔真的暢通起來了！）。在我忘記做這個練習的日子裡，我觀察到自己變得比較暴躁不安、眼神呆滯，而且自制力也大幅下降。假如我開始感覺自己的後腰和膝蓋，逐漸變得緊繃與僵硬起來，這就是我又再度故態復萌的訊號。

什麼也比不上這種老天給予的潤滑劑，每天只要花上少少的努力，就能給予明顯的效果！

你每天可以進行二至三次任何一組「軟化態度法」句子的練習；操練的時候，請閉上雙眼維持一至二十分鐘不問斷，或者，無論何時你想做，直接張著眼睛進行也可以，然後看看對你會產生何種效果。如果你想體驗這個練習所帶來的益處，請持續進行至少六週的時間。一開始，你可能需要稍微專心去記住這些句子的內容與順序。經過一陣子之後，這些句子將成為你的第二天性，就像是有意識的呼吸一般。

清理練習

底下所列出的冥想練習，引介出本書「軟化態度法」系列句子的第一組，這個練習無關乎複誦句子，或期待某種成果，而是逐步清理迴盪在種種處於緊張狀態的念頭之間的心理噪音。

清除負荷，輕盈即隨之而來。

簡單冥想法之一：足夠

1. 一開始先找一個安靜、舒服的地方坐下來，確定至少可以持續五至二十分鐘不會被打斷。
2. 閉上雙眼，在你的椅子或軟墊上坐好，留意周身的環境音響。深呼吸，並且開放自己。
3. 把這組的第一個句子「我已經夠好」**嵌進自己的意識**之中，就像在一個寧靜的池塘中投進一顆小圓石，然後開放自己的心隨它去。你並不需要配合呼吸說出句子。
4. 如果你想要的話，可以複誦這個句子。或者移到下一個句子「我什麼也不缺」，彷彿你又拋入另一顆石子。
5. 當你感覺合適的時候，移到第三個句子「一切都已足夠」。
6. **放輕鬆**。留意這些句子是否開始像子彈劃過，記得要放慢速度。這個練習並非要看你能往水裡丟入多少顆「石頭」。練習的要旨是，讓每個句子停留在你的意識中與你相伴，一次拋一顆石頭，觀察它所產生的漣漪效應。
7. **觀察自己的念頭與情緒**，不要以任何方式操弄或控制它。讓情感天氣以各種可能形式自由出現。

8. 只要你發覺注意力開始無法集中，就要**把自己拉回來**；把這種情況當作是複誦另一個句子的訊號。每個句子之間可以間隔幾秒鐘或幾分鐘的時間。當你的心愈來愈沉靜，你可能會發現每個句子與念頭之間的間隔時間愈來愈長。

9. **複誦**這一系列的句子，持續一至二十分鐘不等的時間。

10. 結束時，輕鬆地吸氣與吐氣，張開雙眼，觀察此刻的世界看起來感覺如何。是否與你尚未進行練習前有任何差異之處？

清理日記

請利用這個機會，運用底下的提示來反省你第一次進行簡單冥想的體會。

◎進行這個簡單練習的前後，我注意到＿＿＿＿＿＿

◎我已經夠好，原因是＿＿＿＿＿＿

◎我知道自己什麼都不缺的原因是＿＿＿＿＿＿

◎我知道總是有足夠的東西可以去分配的原因是＿＿＿＿＿＿

15 當務之急

銘記在心有朝一日你將死去，這是我所知道的最佳方法，可以避免掉入認為自己會有東西失去的陷阱。你早就已經一無所有了。所以沒有理由不去追隨來自內心的召喚。

——史提夫．賈伯斯（Steve Jobs）

在工作坊或靜修會結束之後，我會收到許多學生寄來的美好電子郵件，其中有一封特別引起我的注意。我喜歡這封信的原因，並非只是因為它巧妙地表達了對於混亂與清理的體會，而是因為它出現在我的收件匣中，正是在我需要以它為例，來修改本書的時候。底下所刊出的訊息，是作家同行的貝特西．鮑恩（Betsy Bowen）在她參與課程結束之後，分享對於發生在自己身上的事情的反省心得：

我本身也擁有一些有趣的反應，但比較像是去理解到，現實大多是昏昏沉沉的幻覺。當我了解到自己是多麼深深依戀那一件件永遠再也穿不下，而且也與我的生活不相配的衣服時，這個道理再明顯不過。

事實上，昨天晚上，我看到一部在HBO播放的紀錄片，片名叫《三角工廠：緬懷那場大火》（*Triangle: Remembering the Fire*），講述一九一一年三角女裝工廠所發生的火災；當時，在十八分鐘內，有一百三十八名低薪、超時工作的女工葬身火窟，其中九十名是為了逃離火場而從九樓窗戶一躍而下。紀錄片工作者訪問了死者家屬，請他們講述因為這場火災所失去的親人的故事。

其中有個故事談到一名年輕人，已訂有婚約；他當時已經離開著火的大樓，不過在他發覺爺爺的金懷表留在火場，又轉身跑回去。他的屍身嚴重燒焦，未婚妻無法認出他來，直到他們在他的衣服裡發現懷表才確定是他。他們打開懷表，裡面的照片是他的未婚妻。他們說她是被抬著離開停屍間的。

我看到這裡，開始在想：「對我來說，最重要的東西是什麼？是阿瑪菲（Amalfi）牌子的灰色羊毛法蘭絨寬鬆長褲？我有好幾條已經穿不下。還是我現在的生活？」即便我八成不會跑回火場去搶救這些褲子，但我為了保存它肯定付出了珍貴的能量與空間。這些褲子就像是供奉我的舊自我的神龕；以前的我，把保持苗條身材、表現魅力與穿著吸睛的服飾，視為一等一的大事。但我那時候甚至並不受人歡迎；那時的我既好強又悲哀。所以，究竟這是怎麼一回事？為何要繼續保有這樣有缺陷的性格？

願上蒼保佑妳，我的好姊妹！

沉重的遺憾

想像你處在彌留之際，你已度過漫長而精采的一生，家人都圍在你的床邊。你已準備好跨出一步，感覺心滿意足，你將跨向在另一邊等著你的新探險。你想對你的友人、家人與這個世界，說出什麼臨終遺言呢？

這個問題，是我在讀到布朗妮・葳爾（Bronnie Ware）的一篇貼文〈垂死者的抱憾〉

（Regrets of the Dying）而受到啟發的；她是一名護士，多年來陪伴過許多的臨終病人。

依照葳爾在她部落格上的說法，人們在臨終之際的前五大憾事如下：

1. 我希望有勇氣過自己真正想過的生活，而不是其他人期待我過的生活。
2. 我希望不要工作得這麼辛苦。
3. 我希望有勇氣表達自己的感受。
4. 我希望可以跟友人始終保持聯繫。
5. 我希望可以讓自己快樂一點。

對大多數人來說，我們還有時間去做點改變；還有時間去經歷一路等著我們的生活；還有時間拋開種種的遺憾，揮別繼續讓我們受困其中的往事；還有時間在上天堂的一刻來臨之前，去發現與享受一點人世間的天堂經驗。

作為一個計畫在此生繼續堅持到底的人，我希望我的臨終之言會是類似這樣的話：

「哇，這一趟走來真不是蓋的！」

清理練習

優先性思考

在你生命最後一天或最後一週，你想要拋開什麼東西？你會想騰出空間來做的那件通常沒有時間去做的事情是什麼？誰是你想打電話或談話的對象？

當然也不必是那種萬中選一、天馬行空的「遺願清單」。你可以選擇一些讓你感覺「很不賴」的事情，而且只為今天所用。你所列出的清單，有可能就像底下這幾個那麼簡單而已：

◎把所有電話都轉進語音信箱。

◎喝一杯茶，真正好滋味的茶，好好啜飲一番。

◎（毫無罪惡感地）穿睡衣一整天，看幾個喜歡的重播電視節目。

清理日記

利用這個時間，參考底下的提示，試著釐清對你真正重要的事情。

◎我存在於人世間，是因為______

◎在我臨終之際，我想要說出______

◎去了解自己最深的夢想與渴望，對我來說並無不妥，因為______

◎我相信上蒼會支持我去了解我的存在意義與此生的目的，因為______

◎我知道那些我無法控制的事情，實際上「已經處理妥當」，因為______

16 重構你的心靈

在你講話之前，先問問自己：
有必要講嗎？要說的話是真實不假的嗎？帶有善意嗎？還是緘默不語會更好？

——舍地．賽．巴巴（Shirdi Sai Baba）

作為人，很少有人在看到一場戰爭、一名政客、一條巧克力棒、一名挨餓的孩童、一場颶風或一名貌美的電影明星——僅舉幾個例子為例——等影像，而不會說出一、兩句評語。我們所受到的制約與體內的化學分子，已經將我們設定成會針對種種影像做出好或壞、正面或負面、對或錯、更好或更壞等的判斷。事實上，只要我們留心注意，大多數人的想法不管出之於怎樣的方式，都受到兩極化的影響，或傾向於把事物區分為正反二端。

非洲的飢荒現象——壞；九年級教授科學的老師——壞（如果他沒有頂著「遮禿髮型」的話，可能還可以忍受）；下雨——園丁覺得好，而舉辦婚禮的人就覺得壞……不管評價為何，這一切只是成為另一種濾網與透鏡，我們會經由它來觀看、創造與扭曲現實世界。然而，我們可以選擇不同的作法，好讓我們不會完全迷失在自己的喜怒哀樂之中，而且可以良好地意識到每時每刻的經驗。

但是，難就難在這裡：如果相同的信念已經在心中打轉了一輩子，那麼，可能就需要一點時間與大量的溫和「關注」，才能解開頑念的束縛。

這也是為何我們會重回「心理混亂」這個主題的原因。清理固執難纏的心理模式問題，看起來很像這部電影《今天暫時停止》（*Groundhog Day*）所講述的故事；在片中，比爾．莫瑞（Bill Murray）所扮演的角色每天早上醒來，都會面對與昨日如出一轍的一天，而且一再重複，直到他「領悟」到要做個更好的人的教訓之後，一切才恢復正常。

無論故事多麼繽紛多彩，卻都跟此時此刻所發生的事情毫無關連。所以，可以問問你，就在這一秒鐘，有什麼念頭掠過你的心中？

◎你有三十五件事情同時在腦子裡打轉的經驗嗎？

◎你是否急著盡快翻過這一頁，好讓自己可以進行待辦清單中的下一項事情呢？

◎你是否在想：「這個主題不是在第一篇就談過了」？
◎你在想自己是否可以學到什麼更具體實用的知識嗎？
◎你專心嗎？感到無聊？很投入？充滿好奇心？感覺被壓垮？或很興奮？
◎你的呼吸如何？很淺？或是很飽滿？

是的，本章的內容確實像是之前談及意識覺醒的段落，有相同娓娓道來的聲調，同樣在促請你逐漸認清問題的本質，也同樣設計有如何把種種情境納入意識層次的練習。不過，如同《今天暫時停止》一片，本章最大差異點是在於，「現在」是屬於你的嶄新的一分鐘，一個培養覺醒意識的新機會，與一個重返平衡狀態的新契機。

讓意識之光照亮每個念頭——不要企圖做什麼事來修補、改變、控制或治療它——就能降低內在噪音與嘮叨，平靜你的心靈，「擴大」環繞在諸般想法之間的寧靜空間。

一次只要一分鐘就好。

清理練習

留意與挖掘

請閉上雙眼。好好地、輕鬆地吸氣，然後慢慢地把氣呼出去。將所有的念頭與緊張呼出去。吸進純粹的意識與希望。留意並開放自己去感受這一刻的感覺，切記不要判斷好壞，或認為它會傷害自己。針對你迄今所經歷的清理之旅進行反省。

清理日記

我們已經來到第二篇的尾聲，這是個好時機，可以停下來反省，你在一般上所獲得的改變。

◎自從我閱讀本書以來，讓我感覺比較輕盈的幾個方法，包括有＿＿＿＿

◎在清理生活中的混亂上，我最大的挑戰向來是＿＿＿＿

◎當我體驗到＿＿＿＿，這讓我感到很驚喜。

◎在浮現出多變的情感天氣時，幫助我穿行其中的方法是＿＿＿＿

◎我至今解消的最大的問題是＿＿＿＿

意向

◎心之所向，能量隨之。
◎你的意向，可以給予清理工具一個行進的方向。
◎我們的任務是，去感受內心真實的渴望，並拋開對於任何結果的執念。
◎傳送出我們抗拒什麼或不想要什麼的訊息，同樣也會吸引這些事物的到來。
◎「假裝事情已經達成」——這樣的作法有助於使我們最深的渴望堅定不移。
◎儀式，是我們與潛意識心靈溝通的方法。
◎重構我們的信念，如同創造新的軟體；它有助於馴服我們心中的小猴子。
◎表達感恩之心，即是清理。
◎力行「軟化態度法」，將能提高我們的能量層次、減少緊張與支持新的清理習慣。
◎不會抱憾終生，即是清理。

PART

III

行動：慢才能快

道常無為而無不為。

——老子

17 清理的行動

當你匆忙倉促，將失去生氣蓬勃的靈感聯繫。

——佚名

少即是多

一九八五年六月，時年二十一歲的登山運動員喬・辛普森（Joe Simpson）與他的伙伴，二十五歲的賽門・葉慈（Simon Yates），締造了有史以來的登山創舉：他們兩人成功攀登了祕魯境內的安第斯山脈中，標高海拔兩萬一千英尺的大希烏拉峰（Siula

Grande）西側。這項壯舉，雖然無比驚人，但卻完全比不上兩人在最後備嘗艱辛的下山途中所遭遇的事故。

對於辛普森來說，彷彿在三個地方跌斷了一條腿還不夠慘般，他接著在午夜之際猛然又掉進一條冰縫之中，使得他的登山同伴驚駭不已；最後他以僅剩的一截繩索，在巨大的冰河之下，奇蹟式地找到一條驚險萬分的出路。不過，最令人難以想像的是這一段奇異的旅程：一個拖著受傷身體的人，不吃不喝，獨自一人僅以一條還能走路的腿，花了好幾天的時間，回到紮營的基地。

既無助又傷心欲絕的葉慈，已經做了最壞的打算。他找不到可以解救他的友人，同時自己又不會一道送命的方法，他無計可施，只剩唯一一件能做的事——拋下伙伴。

辛普森說，引導他通過嚴厲考驗的方法是，設定十分明確的目標。在電影《觸及顛峰》（*Touching the Void*）中，他描述自己的理智如何使用冷靜的簡單命令，來指引自己前進的方式：二十分鐘從這裡走到那個岩石邊上……十五分鐘從這裡走到那個冰縫那兒。他會在手錶上設定好碼錶，然後像個布娃娃腹部著地，拖著自己穿越高海拔冰河與巨石的荒涼迷宮，到達下一個定點。走完幾百英尺的距離，就要花他好幾個鐘頭。他說，如果他有考慮到這場求生任務的艱鉅性，根本就沒辦法完成它。精神幾近混亂不清，而且體重還暴跌三分之一，最後他終於可以和一臉不敢置信表情的同伴相見，並且還活下來講述他九死一生的故事。

如果辛普森無法把他所面臨的考驗，簡化成容易應付的、較小的步驟，好讓他的理智可以處理，那麼他將無法倖存下來。設定可行的工作任務，並且堅持到底，無論它在大架構下看起來是多麼微不足道，這同樣是完成清理目標的關鍵法門。

清理付諸行動

意向起著駕馭清理工具的作用，而行動則給予它燃料。你可能擁有最堅定不移的意向，但假使你沒有以某種程度的適度行動來支持它，你將不會有太多成果。威爾・羅傑斯（Will Rogers）曾經說過：「即便你是在正確的車道上，但如果你只是坐在那裡不動，你也只會被撞翻而已。」

重點是要記得，在本書中所指稱的與清理有關的行動，並非只是「做」個什麼來清除家中過多的雜物而已。付諸行動的清理，並不必然是為了達到某個目的的手段，比如清除垃圾、把東西捐給慈善單位，或在院子裡舉行二手拍賣會。如同我們已經學到並將持續探索的，在「**重複操作**」、「**每日實踐**」、「**用心留神**」、「**全心臣服**」之中，存在有威力十足的行動。收拾、兜攏、處理考驗耐性的麻煩事等簡單實作——那些家裡惱人的事情與未完成的計畫，已經存在太久的時間，你甚至已經不再留意到——可能並不構成「清理」本身，但卻是驚人的行動手段，肯定可以使你的住家與生活中的能量產生流動。

凡是無法滿意於一步步慢慢來的作法，或甚至對此感到難以忍受的人，可能會很高興知道，這麼做是有一個重要理由的；因為，其中關鍵在於人類的大腦。在這一篇中，你將得知，如果沒有考慮到我們在應付壓力上，本能性「戰鬥或逃跑反應」所扮演的角色的話，你可能將無法培養出可永續經營的清理習慣。你將會明白，把焦點持續集中在「小事情」，並且把你的心設定在「可執行的事情」之上，兩者將使你能夠有效改善任何你所希望的事情。

如同在世界的某個角落中，一隻蝴蝶的翅膀拍動，可以創造出另一個地方巨大的氣象變化一般，一步步慢慢來的作法，也能為你的生活帶來海嘯般的巨變，甚至產生遍及全球的清理運動！

18 選擇放輕鬆

當你感覺自己被壓垮，意謂著你努力過度。

——釋一行（Thich Nhat Hanh）

「放輕鬆」。

這個短短的句子，如果你大聲念出來，就會有延長與擴張的效果。而且，幾乎不會花上多少力氣，它就能對你的神經系統產生神奇的作用。

那麼，為何有時候這個行為卻是如此不容易培養起來呢？它會遭遇到的可能阻礙是什麼？

那是來自於我們的老伙伴——我們心中的小猴子在從中作梗；牠鼓動我們滋生懼怕的念頭，而相應產生的壓力賀爾蒙的分泌，則使我們處在經久不退的警醒狀態。

無論你什麼時候感覺被壓垮（困在一成不變的、恐懼的、厭煩的、抗拒的、固執的等等狀態之中），絕對可以確定的一件事是，在你大腦內古老區域中的開關已經被打開，將會啟動一個稱為「戰鬥或逃跑」的反應。

這個求生機制，是由大腦中的「杏仁核」所主導；它位在大腦裡最原始的區域，在處理我們的情緒上扮演重要角色。我們也可以將它視為是，我們所內建的特勤局特工。當它察覺到危險的時候（亦即，你踏出了你的「舒適區」之外，事情已經難以駕馭，超出你能思考的地步……你面臨了真正的危險），就會立即進入行動反應狀態。

如果一隻獅子正要撲向你，或你的小孩就要跑進車流之中，或是某輛車突然切進你的車道，那麼有杏仁核做出反應，就是件好事。但是，當你在清理放在閣樓中一箱前男友高中時寫給你的情書，或望著你即將上大學的獨生子，或是準備要為坐滿教室、滿心期待的學生講話——如果這時突然啟動戰鬥或逃跑反應的話，就不是那麼有幫助了。

所以，你該如何切斷它，好讓警鈴不會始終在響？

你沒辦法，因為這是天生的。

不過，你可以**跟它和平共處**，只要你——

◎能夠意識到自己的情緒，尤其在你的迴路被燒壞之前。
◎能夠感受自己的情緒，但不會放在心上。
◎能夠縮小你的焦點，只集中在一件事情或活動之上。
◎能夠每天採行讓你感受良好、滋養你的疼惜自己的作法。
◎能夠在每次想到時，就複誦「我選擇放輕鬆」這個句子。
◎能夠力行在底下的清理練習中所列出的簡單冥想法。

這些方法不管是只做一個或全部都做，都將使你心中的小猴子不再高高在上、玩弄你於指掌之間。

戰鬥或逃跑

如果某些科學概念與拗口的專有名詞會使你腦袋發暈的話，像我有時就會發生這種狀況，那麼，你會喜歡這本很棒的小書，它幫助我去理解，當人們迷失在「噬人幻境」時，在生物化學機轉上實際發生的過程。

這本書是《一小步給你大改變》（*One Small Step Can Change Your Life*），作者是

心理學家羅伯特・莫勒博士（Robert Maurer）。他在該書中談及杏仁核的運作角色；這個在大腦中存在已有三百萬年之久、形狀如同杏仁的組織體，就是管控戰鬥或逃跑反應的所在。他說明了人們為何會被壓垮的原因，並且引人入勝地闡釋了「凡事慢慢來與化繁為簡」這個大多數人會覺得違反心中直覺的道理。

顯而易見，當我們踏出「舒適區」去清理種種的執念，有時可能會啟動心中的警報系統。只要我們更為停滯不前、更為執迷不悟，對一切更無意識，就愈有可能失足掉入我在第五章已經談過的「恐懼的深淵」。

然而，依照莫勒的說法，有一個簡單的方法，可以讓我們避免內在線路連通的難題；這個方法是去欺騙杏仁核以為一切都很順利、沒問題。

莫勒建議，在一開始，要使用最小的步驟，有時甚至是最尷尬的瑣細作法來進行。比如，他建議想要戒斷咖啡因的人，每天先從少喝一口做起。對於那些無法強迫自己使用牙線的人，他建議先從一天只清一顆牙開始。對於有透支問題的人，他建議每次都從購物車中取出一樣東西後，再推去收銀台結帳。依照莫勒的想法，這個原則可以應用到任何想要的改變之上，「不管目標是為了改掉咬指甲的習慣，或是學會對人說不」。

聽起來或許有些誇張，但是，如果你始終無法掌握某項簡單的事情，或某個你希望在生活中可以改善的行為，那麼這個細水長流慢慢來的作法就會有道理。它很容易上手，而且，更重要地，它還很有效。

它會有效的原因是因為，誠如這則名言所說的，「神經元一起開火，就會連通在一起」。每當你重複一項任務，大腦就會創造一個新的連線、新的基礎架構，來支撐一個（更為）明朗化的**生活方式與作為**。如同莫勒所指出的：

當你持續一小步、一小步慢慢做，而你的大腦皮層開始運作，大腦在這時候就會逐漸為你所渴望的轉變，創造出相應的「軟體」來，實際鋪設出嶄新的神經通路，並建立起新習慣來。

在混亂清理實踐中，經久不衰地持續付出小小的努力，是遊戲規則真正的改變因子，而且你的收穫將無可限量。

你最終將發現，每天有意識地去修剪植物的枯枝敗葉，或拍鬆枕頭，或清掃廚房地板，比起你無所意識地、旋風般地清理雜亂的地下室，將創造出更為持久的益處。心中意向清楚地一次只清理一件小事情，其中的關鍵正是為了軟化抗拒，讓能量流動，建立出清理一整間家屋所需要的安全感。

當你再把感恩態度納入其中，你就開創出一帖專為持續改變研製的有效藥方！

清理練習

選擇放輕鬆

這個「選擇放輕鬆」的練習，真的很簡單（即便你心中的小猴子不時會出來搗亂一下）。我們舊有的習慣與自我設限的想法，使我們一直相信事情必定是複雜、難搞與不容易的，結果使我們老是動彈不得、有志難伸。

現在試看看這樣做：複誦這個句子「我選擇放輕鬆」，然後留意你的感受。隨著呼吸，吸進這個句子，像海綿吸水一般「吸收」它。

將「我選擇放輕鬆」這個句子，嵌進你的日常作息或是某個艱難的處境之中，你可能因此注意到，逐漸有「發展」出其他美好感覺的感受。

今天至少複誦這個句子一次，或只要你想到，就可以念一次，然後在一天末了，花幾分鐘在日記中反省你的體驗。（請注意，如果經過一陣子之後，才得以有所體悟，千萬別洩氣。我發現，甚至我那些進展最大的學生，也無法捉摸複誦這個句子的效果。）

你可以更進一步深入進行這個練習：採用底下所列出「軟化態度法」的第二組句子，來作為每日冥想之用。

這第二組的句子是：

我選擇放輕鬆
我選擇平和
我選擇喜樂

簡單冥想法之二：放輕鬆

1. 一開始先找一個安靜、舒服的地方坐下來，確定至少能持續五分鐘不會被打斷。
2. 閉上雙眼，在你的椅子或軟墊上坐好，留意周身的環境音響。深呼吸，並且開放自己。
3. 把這一組的第一個句子「我選擇放輕鬆」**嵌進自己的意識**之中，就像在一個寧靜的池塘中投進一顆小圓石，然後開放自己的心隨它去。你並不需要配合呼吸說出句子。
4. 如果你想要的話，可以複誦這個句子。或者移到下一個句子「我選擇平和」，彷彿你又拋入另一顆石子。
5. 當你感覺合適的時候，移到第三個句子「我選擇喜樂」。
6. **觀察自己的念頭與情緒**，不要以任何方式操弄或控制它。讓情感天氣以各種可能形式自由出現。當你的心愈來愈沉靜，你可能會發現每個句子與念頭之間的間隔時間愈來愈長。

7. 當你感覺完成時，動動你的手指與腳趾來作為結束的動作。張開雙眼，並留意自己的感受。是否與你尚未進行練習前有任何差異之處？

清理日記

花幾分鐘的時間來反省這個簡單的練習。

◎當我複誦「我選擇放輕鬆」這個句子，並且全然接受它（就如同海綿吸水一般），我感覺到＿＿＿＿

◎對我來說，放輕鬆的選擇毫無問題，因為＿＿＿＿

◎我留意到在冥想之前與之後，我的身心所產生的差異是＿＿＿＿

◎當我在自己內心裡面，培養放輕鬆、平和與喜樂的態度，我注意到外在世界的變化是＿＿＿＿

19 從你所在之處起步

從你所在之處起步。運用你所擁有的本領。做你力所能及之事。

——亞瑟．艾許（Arthur Ashe）

隨堂小測驗（天馬行空風格）

花一分鐘回答下列問題，簡單回答是或不是即可。

◎在你的皮包或皮夾裡面，是否收有不需要的東西？

◎地板上是否放著不必要的東西在那兒？

◎在你的冰箱或冷凍庫裡面，是否塞有超過六個月以上的東西？
◎你是否有未完成的計畫，持續緊抱超過一年的時間？
◎你今天做的事情裡面，是否包含有像是「應該這樣做、應該那樣做」的事情？
◎你是否被生活中的某個人激怒？比如某個家人、同事或室友？
◎你是否感覺生命一點一滴從你指尖流逝，而且對此無能為力？
◎以上這些問題是否惹惱你？
◎你是否感覺到自己有被壓垮的可能性，即便徵兆還很細微？
◎你是否有衝動要立刻去「搞定」問題？
◎你是否能夠接納事物本然的面貌？
◎你是否意識到你在呼吸？

測驗結束！

不管你的答案是什麼，只要經由自己的任何感受，或甚至讓自己被輕輕觸怒，而能逐步意識到上述任一個問題的真意，那麼你就過關了！恭喜你。

清理並非線性的過程

我這些年來的清理經驗，可以全部濃縮如下：

◎清理提供我們機會，能夠對於住家與生活中失去平衡的地方，給予同情的理解。
◎清理是一趟旅程，此中的經驗並非總能積少成多、合乎情理，或以直線進行。
◎清理是日常實踐的過程，從你所在之處開始運作。

無論你今天的特別難題是什麼，如果你能擁抱此時此刻，並且運用亞瑟．艾許名言之中的單純原則，來放過自己一馬（與直接切入問題核心），那麼，**你就在進行清理**。（而且，不管你心中的小猴子對此有任何意見，你還是照此原則做下去。）

簡化與重複法

如果一輩子都在與有形、心理與／或情感混亂奮戰，而且只要一看到成堆的文件、電子郵件收件匣或待辦事項清單，就會發現壓力賀爾蒙奔流全身——如果你是這樣的人，我提供你一套比較溫和的「簡化與重複」方法，來讓你進行清理作業。這個方法是設計來繞開「戰鬥或逃跑反應」，好給予你的清理努力一些牽引作用，從而能為你帶來持續的改變。請牢記，一步步慢慢來與重複操作，是在大腦中創造新通路的關鍵法門。

以下是這個方法運作的方式：在你努力培養清淨的家居空間與空闊的生活精神時，只要你感覺遭遇挑戰或被壓垮時，就把這樣的感覺當作是一個訊號，讓你可以去簡化工作的內容、降低所花的時間，與／或縮小清理的範圍，到一個你更容易處理的情況，然後重複操作這項縮減過的小工作，直至完成為止。比如，運用「簡化與重複法」在冰箱的清理之上，可以是擦拭清潔、清除整理，或把某個品項、某堆東西或某個區域分類收拾好。你可以從處理剩菜開始做，然後整理調味料瓶罐，最後則清理冷凍食品。不管你花了三天或三週，這都是該花的時間。

在你的實作中，請確定採用這個「化為一」的原則：面對任何一項工作，都把你的焦點集中在一個東西、一堆文件或一個空間之上，然後每天針對它清理（或移除）一次，如此持續一週。對某些人來說，步驟可能會顯得極瑣細：每天一次，打開某個抽屜，然後瞄一瞄裡頭的東西，如此持續一週，直到你擁有勇氣與能量，可以從中取出一張白紙、糖果包裝紙，或一小截寫禿了的鉛筆。此處的重點，並非是做了多少，而是持續性。

如果有形混亂並非你的大問題，而且在清理這種混亂時，一點也不會挑起戰鬥或逃跑反應，那麼這裡同樣也有提供給你的建議。或許你想要在生活中改變某個行為或難題；或許你有強迫性的杞人憂天個性；或對講電話、看八卦報紙或聽壞消息嚴重上癮；或是長久以來約會都遲到。「簡化與重複法」同樣可以處理這些問題。

如果你跟我一樣，有一點控制狂傾向，遭受想操縱一切、完美主義、企圖減少所有誤差等需求的困擾，這個「化為一」的原則也能對你有妙用。或許你感覺自己完全沒電、缺乏創造力；或許你太嚴肅，無法玩得盡興、開懷大笑或盡情開心；或許你就是沒辦法強迫自己對同事或每天跟你搭同一班公車的那個帥哥微笑。「簡化與重複法」對於處理我們任何僵固的行為都很有神效。

我們要有創造力。去尋找某種辦法，一步步降低你反覆表現出某個討厭行徑的次數，來使它消失，或是相反地，每天重複一次你所想要表現的行為，然後逐步增加它。請記得，進展的速度必須對你沒有威脅性，且不會引發身體的戰鬥或逃跑反應。

比如從每天少講一個八卦，或每天早上少讀一則報上的壞消息，來開始減少這樣的行為。或每天多笑一個、允許自己出錯一次，來開始增加自己想要的行為模式。你可以逐步做調整，讓你感覺更有安全感、更有動力去這麼做。這裡的重點依舊是：持續性。

（請注意，不要忘記停下來感受一下。這是很棒的機會，可以讓自己更加認清自己所久久占據的位置。）

清理練習

逐步認明你的所在之處

本章首節所列出的那些問題中，有哪一個引發了你的異樣反應，請在日記中抄下它，然後再往下寫出任何會對你產生情感負荷的其他難題。

當你完成後，慢慢地閱讀你所列出的一個個難題，停下來注意那些會持續引發你下述反應的問題：肌肉抽動、眉毛揚起、呼吸變淺、神經質笑聲、手心出汗、下顎僵硬、拳頭緊握或疲乏無力等，指涉你的罩門被觸動的感覺。

留意你想要去「做點什麼」、搞定與／或控制不舒服感受的衝動。並且觀察你的呼吸。（很淺嗎？是放鬆的嗎？）

清理日記

在你的清理日記上，反省住家與生活中那些壓垮你的領域。試著加上屬於你自己的作法，以更有效地釋放你的個人情感負荷。

◎想要更清楚意識到的生活難題是＿＿＿＿

◎在進行這項清理練習時，可以逐步認清一些感覺與我的情感天氣，這促使我感受到＿＿＿＿

◎當自我批評、指責與其他壓垮我的情緒一波波湧來時，我如今已經更有處理能力，因為＿＿＿＿

◎我此刻（或今天的某個時候）可以處理的一項難題是＿＿＿＿

◎就在這一分鐘，我感覺＿＿＿＿（請注意，這個一分鐘是新的一分鐘；留意自己與上回進行反省時的感受是否相同）

20 移動能量

核心要旨是，熟練即實作；熟練，意謂著在人生之路上不斷前進。

——喬治・連納德（George Leonard）

我經常聽到我的客戶與學員說，在清理混亂上的最大挑戰，並非是清理工作本身。最大的難題是，如何讓他們的伙伴、小孩、家人，甚至是鄰居，動手清除他們所搞出的垃圾山！

毫無疑問，如果每天都會被球鞋、報紙、幾落亂丟的髒衣服，或一堆這個那個的東西所絆倒，都足以使任何人從一開始就感覺很挫敗。一如俗話所說，我們可以領著一匹馬兒來到「清理」這口水井邊，但最終卻無法強迫牠去做任何事。以至於不管是好是壞，我們只好自己下場去做，他們的混亂變成我們的混亂，兩者合而為一。

好消息是，當你著手**自己的**清理之旅時，你就創造出重要的新能量。雖然效果可能並非立即可見，但「吸引力法則」的說法卻保證了這些新湧出的能量，將可以產生威力強大的漣漪效應，會吸引更多清理的希望。

當你嘮嘮叨叨說你所珍愛的家人是邋遢鬼時，就創造了分裂與兩極化這種比較不可取的漣漪效應，而這會加深舊有的行為模式，並產生更頑固的防禦性態度。

煩惱與說教何時帶來了有益的事物？只要我們進行清理，就會引導出更多的清理。移動能量，也能產生更多能量。此中所涉及的只是清理對象、投入清理的心力與清理時機而已。重點是，如果你能愈來愈減少對於努力成果的殷殷期待心理，就能在每一個層次上創造出更空闊的空間。

以下是我的建議：

◎聚焦在清理你自己的「雜亂」之上就好。
◎拋開想要清理別人的混亂的頑念。

◎讓漣漪效應去展開神奇的運作。

移動能量

我們所生活其中的文化，特色是每個人擁有許多東西，而這些物件的轉移，構成了我們的生活方式。關於這一點，無人有異議。那麼，為何不利用這樣的特點來幫助我們自己呢？

有關我們的所有物及其轉移，以下是我所知道的道理：

◎把東西從一個地方移至另一個地方，比如把衣服收進衣櫃抽屜、把購物袋放回車子、把碗盤放進洗碗機、把雜誌放入待讀書堆中、把需要縫的鈕子收進待辨物品堆中、把帳單收進書桌抽屜（或是你習慣上會放的地方）、把髒衣服丟進洗衣籃、把閣樓裡的寶物送至慈善單位的回收箱……這都會引起**能量的移動**。

◎移動能量將會釋放阻滯的能量。

◎有時阻滯能量的釋放，並不會使人感覺很好（尤其當那個東西已經放在某處一陣子了）。

◎對任何移動工作給予有意識的關注，就稱為「清理」。

清理練習

嘗試看看以下這個簡單的「一分鐘清理」練習。

一分鐘清理

1. **停下手邊工作**。放下本書，或關掉電腦，好好審視一下你的四周。看看是否有什麼東西亂放，而能將它放回原處。（如果該物件沒有固定收納位置，就思考一下給它一個位子。）
2. 留意看見東西亂放時，自己感覺如何。
3. 留意物歸原處或收到新位子放好時，自己感覺如何。
4. 留意這個簡單的收拾練習，是否引起某些抗拒感。
5. 留意內心的思緒變化。
6. 注意你的呼吸。
7. **時間到，本練習完成**。

清理日記

完成清理練習之後，請使用以下的陳述句子來反省自己的體驗。

◎當我停下手邊工作、抬起頭張望四周時，我注意與感覺到＿＿＿＿

◎當把焦點只是集中在一個東西、一項工作上，持續一分鐘的時間，我注意（與感覺）到＿＿＿＿

◎收拾東西對我來說很容易，因為＿＿＿＿

◎為了「移動能量」，今天（或本週每一天）我可以做的一件簡單事情是＿＿＿＿

21 安置與安頓

有數以百計屈膝跪下、親吻土地的方式。

——魯米

你上一回有意識地把東西放回原處的動作，你還有印象嗎？是的，我是指「**好好地放回去**」。而不是亂拋、擠壓、硬塞、隨手扔、猛塞、強擠、亂丟、塞填、揉成一團。

「把東西放好」的例子如下：

◎將購物袋放進車子的行李廂，是以不會晃動傾倒，因而壓破雞蛋的方式。

◎多花幾秒鐘的時間，有意識地將食物收進冰箱內，好讓你之後可以一目了然與方便尋找。

◎帶著鑑賞的心情折疊一件衣服，品味它的質料、細部裝飾、顏色，以及它在你生活中所扮演的重要角色。

◎鞋子一雙雙成對擺好。

◎郵件一拿進屋就立刻分類成堆放好，可分成：信件、帳單、雜誌、廣告目錄與回收紙張。

◎停車時注意自己容易進出，並且不會被其他車子碰撞到。

◎顯眼地展示一束美麗的花，讓你每次經過時都可以看見它。

◎椅子不坐之後就收進桌子底下。

帶著關愛與覺醒的意識進行任何一項日常工作，都能提高它的正面能量振動，同樣也能提高你的正面能量。

安置的處所

如果萬物皆能量，那麼簡單地把東西移來移去的動作，就可以釋放阻滯的能量——不管是什麼能量——這聽起來可說很合理。把書桌上的東西攏成一落，把老花眼鏡放回原處，或只是簡單地把某堆雜物從一個角落移至另一個角落，都可以促使能量流動起來。這是一個把一天當中所有打散的東西（一如「**細繩般的牽絆**」）收拾起來的好方法。尤其，這些練習都有益於在大腦中創造新的神經通路，使中樞神經系統放鬆下來，產生寧靜與幸福的感受。

多年以前，當我還是青少女的時候，有一個夏天我到蒙特梭利學校（Montessori）擔任教師助理，協助照顧三至五歲的孩童。在那個時候，我相當驚訝於教室中可以洋溢著如此和諧與安詳的氣氛。對瑪莉亞．蒙特梭利（Maria Montessori）而言，有關安置的概念，屬於她的教育哲學中整合的一部分，而且也是在發展兒童的大小肌肉運動技能上，主要的教學工具。像兩歲半這麼年幼的孩子可以在很深的層次上，學習到尊重彼此與尊重他們所置身的空間。

在蒙特梭利的每一間教室中，都有方格櫃與收納箱，用來存放孩子們使用的所有物件。東西都依照功能與尺寸來分類整理：較大的東西收在一起，中型的東西收在一起，以此類推。孩子們可以玩任何他們喜歡的東西，只要最後將東西放回原先找到它的地方，然後才可以去玩下一個玩具、遊戲或活動。老師會協助孩子，一次又一次拉著他們的小手，具體地指引他們來到正確的方格櫃或收納箱前，直到他們可以自行操作為止，由此慢慢建立出這樣的習慣。

對日本人來說，安置與收拾東西是一個非常重要的生活方式，不僅因為有其實用上的效益，而且也表現為一種高度的藝術表達形式。幾年前，我在日本所拜訪的幾個人的住家，感覺就像廟堂一般；這些家屋具現了一種單純的優雅，立即讓人感受到寧靜與美好。這種對事物進行有意識的安置作法，使我備受感動：一扇看向庭園的窗，有如畫框，只為了以一種閒靜安詳的方式，來吸引眼光穿越室內空間；鞋子與拖鞋在門廳中整齊排成一列，以方便進出；白天時，折疊式床墊與棉被床單都收到美麗的障子屏風後面，而留下的空間可以提供多種用途。日本人的生活空間在實際面積上，遠小於我們這個國家，但他們卻還是努力創造出我們遠遠比不上的空闊感。

至於震教徒（Shaker）的傳統，就不像日本人那樣，把有用的物件隱藏在屏風後面。椅子、掃帚、日常生活用具——本身就很美——都被懸掛在牆上，可以一覽無遺。我無法想像任何一個美國家庭把咖啡壺或果汁機吊起來，但是，擁有一個容易取用且賞心悅目的有用物品，而不是一堆專門器具雜七雜八擠在廚房的流理台上，這樣的想法可說非常吸引人。

如果你為所有自己的東西都指定了位置，而且學會持之以恆將東西收拾妥當，想像一下你的生活將會是怎樣一番面貌：帳單繳納後就把收據收好，化粧品使用後就放回小籃子中，髒衣服則直接丟進洗衣籃裡。花時間嗎？把襯衫丟入籃子裡，不是只要一秒鐘嗎？以下是要力行的事：

1. **給每樣東西一個窩**，即便你還沒辦法強迫自己像蒙特梭利學校的孩子那樣，立刻收拾好東西。心中知道東西有它該去的專屬位子，有助於平撫某些無序狀態。可以這麼說，當你能「物歸原位」，也會感覺很好。為自己買許多美麗的收納箱或儲物籃，如果需要的話，可以在上面貼好分類標籤。這也會使你之後比較容易找到想要的東西。假如你在一開始進行時需要協助，可以請一位收納組織師專門教導你。這些專家是魔術師，可以將空間利用極佳化，讓你揮別雜亂無章，使一切井然有序。
2. 如果可能的話，**為你的物件創造呼吸的空間**。在把東西收進抽屜或衣櫥後，這些收納處卻仍留有空間，會讓人感覺很好。作為一位如同松鼠般愛囤積的人，我習慣把東西塞得水洩不通，以至於衣櫥的鉸鍊幾乎都要撐斷了，所以這一點對我來說，還屬於相當先鋒派的作法。一想到還有空間沒有塞滿東西，會帶給我巨大的緊張，如果我能成功做到這一點，感覺幾乎像是自我放縱。
3. **將物件以品項分門別類**。碗盤與碗盤歸在一起；所有相片統一放在一個地方；

乾貨成堆收攏好；美勞半成品、液狀的物件、咖啡相關補給品個別收好；襪子通通放在抽屜中；冬季的衣服、夏季的衣服、釣具分開放好；滑雪橇、雪靴、滑雪杖、滑雪用頭盔歸成一類；大的東西放一起；小的東西放一起。你喜歡而且好看的東西，可以放在較前面的地方，稍微不好看卻需要的東西就收到較裡面去。你會想出自己的分類點子的！

清理練習

這個練習是為了讓你以覺醒的意識，去「安置」一項物品或一則想法。

有意識的安置

◎**物品**：對於胡亂放置的物品，就物歸原位。為了達到最佳效果，可以選擇有點不可能改正、照例會亂放的東西，比如車鑰匙、老花眼鏡、電視遙控器、碗櫃中的乾淨餐盤、牙膏的蓋子等。

◎**想法**：如果某個想法不能提升你、支持你，那就以一個新想法去替換它。把新想法嵌進自己的意識之中，就像在一個寧靜的池塘裡投進一顆小圓石，觀察它所引發的漣漪效應。

◎**其他事物**：如果你一點也無法想到其他東西來做練習，那麼花一分鐘品味這樣的時刻。去感受無事可做的感覺。

清理日記

花一點時間來填寫並反省以下的句子。

◎有意識地把東西放在該放的地方，感覺真的很好，因為＿＿＿＿

◎看到東西亂放，我會覺得＿＿＿＿

◎還需要找個地方來放的一些東西，包括＿＿＿＿

◎最讓我受益的某些想法是＿＿＿＿

◎這個練習讓我知道，我還可以更輕鬆地拋開＿＿＿＿

22 每日勤收拾

從我們看待那些最簡單的工作的方式，可以強烈地看出我們如何掌握生命本身。

——葛妮拉・諾莉絲（Gunilla Norris），《家居之道》（*Being Home*）

物有其位，才算擁有

我有一名客戶，她了解到，她所需要的只是每天能容易地找到自己的皮包，但因為皮包並沒有固定的收納位置，使得她在走出大門前總是跌跌撞撞才找得到。出門前的過程，猶如一場彎道滑雪競賽，你四處尋找皮包、鑰匙、外套與鞋子。她坦承，以這個樣子來展開一天的生活，實在是有點糟糕。然而，這個問題也迫使她思考，占據在房子進門處首要位子的一架書櫥之用處，因為，理論上，那正好是她的皮包與車鑰匙應該放的地方。把她所珍愛的書籍移到另一個比較合理的地點，比如書房或起居間，卻需要她移開（或清理）某些東西，好騰出放書櫥的空間。

為了幫她的小皮包找個地方放，由此開啟了如同「大風吹」的遊戲一般，牽動整棟房子的清理過程。

有一次我在《新聞週刊》（*Newsweek*）上看到這個驚人的統計資料：「美國人平均每天花五十五分鐘——（加總起來）一年大約花上十二個星期——在尋找他們知道自己有，但卻找不到的東西」。雖然我認為這條過時的趣聞（老是讓人覺得有些誇大），應該不可能跟我有關，但當我發現，為了尋找這條引文出處來論證我的觀點，而把整間辦公室弄得面目全非時，我也只得苦笑！並不是說我花了五十五分鐘才找到它，但如果加上我為了尋找退還一組窗簾桿所需要的銷售收據的時間，以及為了取消訂閱而要找出某支電話號碼的時間，那麼我想你可以說我差不多也要達到那個時間量了。

想當然爾，給每樣東西一個收納位置，有明顯可見的理由。如果每個東西都有一個位子，就有助於你井然有序地讓東西各就其位，並且可以很容易地再找到它們。這個方法有利於我們早上在坐進車子前，不會一路絆到鞋子、背包或皮包。每樣物件都有固定歸宿，也能協助我們了解在什麼時候自己擁有了過多的東西。比如，書櫥裡再沒有空間可以塞進另一本平裝書，或是已經沒有任何衣架可以吊著打折時買回來的新衣服，都提供給我們一個立即的回饋訊息：有些東西必須回收送人或丟掉。讓東西有其收納位子，正是讓我們可以對自己負責與誠實的方法。

然而比起這些明顯可見的原因，其中還牽涉到更多的道理。如果你思考「參與式關係」這個概念，就會了解我們與自己的住家、自己的東西之間，存在更為有機、活潑，以及更具元氣的關連性。給予你所使用與喜歡的物件一個專屬空間，是認可它的用途與尊重它的價值。

比如，亂丟在車子後座上的紙張、瓶子、黏黏的糖果包裝紙，或是亂七八糟到處擺放的商店型錄、在廚房流理台上發霉的剩菜，都呈現出比「可憐的邋遢鬼」或無可救藥的人類行為更糟的意義。對我而言，這些行為反映出某個層次的潛意識，並且深深地與我們所處的環境及整體世界失聯。如果你想探究事情如何可能發展至此，請停下來，花一點時間去想像，你的住家與所有物就像是你的家人之一。

忽視或不尊重你的住家與物品，在生理和情感上，會有怎樣的感覺？

以下是我對這個問題「愛之深、責之切」的立場：無論你的東西對你個人存活、自我概念、身心健康或人生幸福有多寶貴、多有價值或多重要，除非你給予它一個永久、專屬的收納位置，不然它就只是一個**雜物**而已！

簡言之：**物有其位，才算擁有**。

清理練習

想要啟動、培養或維繫每日清理實踐，需要動機與某種程度的動力。當時間與能量捉襟見肘時，以下是三個創造推動力的方法。這三個方法在促進專注力，以及在你的家庭、生活與大腦產生新路徑上，效果出人意表！

請選擇一個方法，然後全力以赴！

讓你每日勤收拾的三個方法

1. **收拾一樣東西**：環視一下你現在身處的房間。無論這是你的住家或工作地點，請快速掃視一下，看看是否有一樣東西，你現在用不上，但卻沒有把它放在該放的位子上。然後現在——這是最難的部分（嘻嘻）——起身去把它物歸原位！如果它並沒有收納位置，思考一下原因，想想它或其他東西可以有的去處。當你重新放好這樣東西後，詢問自己以下問題：這個收拾的動作實際上有多難呢？每一次有意識地把東西收在正確位子上，給你怎樣的感覺？而現在，房間感覺起來如何？

2.**收拾同一樣東西到同一個位子上**：這個練習涉及每天去收拾同樣的一個東西。首先，選擇一樣你願意持續一週每天都去收拾的東西。請選取某個讓你有壓力，但還不會引發壓力賀爾蒙的東西。其次，為它找到一個歸宿，讓它可以持續待上至少一週的時間。第三，每一天都要收拾它，讓它物歸原位。經過這樣操作一週之後，留意自己的感受。注意這個動作有多難受，是否引發任何抗拒的情緒。注意這個簡單的練習，是否讓你在收拾其他沒有計畫要處理的東西時，變得更輕鬆。以下這些物件例子，是你可以每天去收拾的東西：

◎車鑰匙、老花眼鏡、遙控器、手機
◎外套、衣服、鞋子
◎髒衣服（收進洗衣籃中）
◎乾淨的衣服（收進衣櫥或抽屜）
◎書本（原本丟在地上，改放在床頭几上）

每日進行收拾，即便是最微不足道的行動，還是可以在你的生活上，造成能量的明顯改變。這些小小的動作包括：

◎關掉不用的燈。
◎關掉電視或收音機。
◎放下馬桶座的蓋子。
◎關上抽屜，直到你聽見卡上的聲響。
◎用餐後或工作完畢，就把椅子收進桌子底下。
◎把鉛筆削尖。
◎整理床鋪。
◎拉上／打開窗簾／遮陽罩。
◎擠牙膏時，從底下往上擠，並且用完後蓋上蓋子。

3.六十秒收拾攻略：

◎**選擇一個空間**。無論是你的住家或辦公室，任何空間都可以。在每日終了之時，花六十秒的時間來收拾東西。
◎**展開收拾行動**。如果是家裡的房間，可以撿起報紙收到回收箱或「待讀」的籃子中；把雜誌堆到咖啡桌上；把髒碟子收進廚房；把玩具放入玩具箱；拍鬆枕頭、拍打沙發的坐墊；將錄影帶倒帶、取出光碟片、關上電視櫃、拉下窗簾或百葉窗；關掉電燈。

◎**集中注意力**。這個練習並非叫你立刻去讀引起你興趣的報上文章，也不是要你趕快帶狗出去走走，更不是去洗碗或打電話，也絕非要你對留下一堆髒碗盤的家人狂吼。這個練習只是要你在不超過一分鐘的時間內，盡你所能收拾好房間。

◎**開心去做**。這個練習講求速度與趣味性。請自己的小孩、伴侶、室友或同事一起來協助你。要求每個人接受在六十秒內可以收拾多少東西的挑戰，最後計算出數目，並且宣布當日的優勝者。

◎**使用碼表計時**。如果你擔心可能會花上太長的時間，第一次進行練習時，可以藉助碼表計時。你能以少於六十秒的時間來完成這個練習嗎？

◎**留心自己的感受**。當你隔天早上重同這個收拾過的空間時，會有怎樣的感受？

（請注意，如果處理一整個房間的工作分量太多，要記得縮小收拾的範圍，比如處理房子裡較小的一個區域或某堆東西就好。如果整理一個房間太過容易，那就擴大收拾的範圍，加入家裡的其他空間或其他堆東西。）

清理日記

經過你化繁為簡的練習經驗，請花個幾分鐘思考並完成下述句子。

◎我通常會忽視的某些工作是＿＿＿＿（請留意任何被挑起的緊繃感覺，小心自我批評的思考方式企圖潛入心中）

◎能夠關注自己的家，感覺真的很好，因為＿＿＿＿

◎給予日常的家務工作某個程度的專注力，讓我感到＿＿＿＿

◎我現在（或本週的每一天）可以合理地完成的一項簡單工作是＿＿＿＿

23 分門別類

並非榔頭的敲打，而是水流的禮讚之舞，才使圓石臻於完美。

——羅賓德拉納特・泰戈爾（Rabindranath Tagore）

想使能量快速流動（並且正面迎對你固執的占有模式），沒有什麼比真正探究你每天帶著到處跑的那樣東西更好的方法了——那就是你的皮包或皮夾。事實上，這是我建議參與工作坊的學員所做的事。

我在做了十分鐘的說明之後，就請現場每個人抓起他們的手提袋、皮包、皮夾或任何他們隨身攜帶的袋子，把裡面裝的東西全部倒在桌子或地板上。

整個房間看起來像是聖誕節一早或猶太教的光明節，在拆開禮物之後，孩子們跑來跑去玩著自己寶物的情景。皮包內可以發現到多采多姿的內容物，包括有：

◎八支口紅（在同一個皮包內）
◎十四至二十支不等的筆
◎一個裡面裝滿商店收據的紙袋
◎各式各樣的電影院票根、停車場票券、口香糖包裝紙
◎護髮產品
◎好幾瓶防曬乳，使用程度不一
◎巨大的鑰匙環（尺寸與獄卒所用的一樣大）上，叮叮噹噹響著許多副經常認不出是屬於哪裡的鑰匙，其形狀與大小則不一而足。

現場此起彼落一片呻吟聲，聽見這裡那裡驚呼「喔！老天」、「東西原來在這裡」等話語，你可以想像這幅畫面有多好玩。

當東西全部攤在桌子或地板上後，我請學員把這些內容物依四大類來歸類整理：「保留」、「移轉」、「丟棄」與「不歸類」。然後不到十分鐘之內，每個人不僅清理

了他們甚至不知道自己有的成堆的東西，而且還發現一個清理雜物的祕密武器——那就是幽默。

分成四類後，就繼續進行揀選，以單純為原則並狠下心，該丟就丟、絕不寬貸。

「清理」與「擁有」的玩笑小測驗

當你發現自己不知道某個東西是否要歸為雜物，或發現自己在一家服飾店中，又對某一件與你家中另外二十件外套類似的衣服心儀不已，這時就可以潛入你的直覺性自我之中，並去玩玩底下的「清理玩笑小測驗」，以及隔頁的「擁有玩笑小測驗」。

「清理」玩笑小測驗

1. 我百分之百喜歡它嗎？
2. 我真的需要它嗎？
3. 它有一個永久固定的收納位置嗎？

這三個問句的意思如下：

我百分之百喜歡它嗎？

◎它提升我的靈性嗎？

◎它讓我的心歡歌嗎？

◎它有助於支持我較高層次的德行嗎？

我真的需要它嗎？

◎我最近一次使用它是什麼時候？

◎它在我的住家或生活中，擁有無可取代的重要功能嗎？

它有一個永久固定的收納位置嗎？

◎它與同類的其他東西擁有收納位置嗎？

◎它的收納位置有足夠寬敞的呼吸空間嗎？

◎它的收納位置容易找、容易拿嗎？

「擁有」玩笑小測驗

1. 我百分之百喜歡它嗎？

2. 我真的需要它嗎？
3. 它可以取代什麼東西？
4. 它的永久固定收納位置在哪裡？

分門別類

當你準備清理某個抽屜、某堆物品或某個區域時，以下這個簡單方法，讓你可以組織你的東西，不管是讓它留在原處、移轉到別處，或放到門外丟掉。

四大類：所有你將清理的物件，都會落入以下四大類的其中之一：

◎保留
◎移轉
◎丟棄
◎不歸類

次類別：當你準備好了之後，如果可能的話，每一大類又可進一步做出區分，如同下面的圖表所示：

保留	移轉	丟棄	不歸類
原處不動	屋內：轉送別處	垃圾	懸而未決
待修物件	屋外：回收、贈送、出售		

以下是這些類別的意義與運作機轉：

保留

「原處不動」類：這一個次分類可以望文生義。它所涉及的東西，可能需要稍微去蕪存菁與恢復活力，但可以繼續保留在原本所處的收納位置上。

「待修物件」類：這一類是屬於需要你的溫柔呵護與進行修補工作的有用物品，但你卻已經許久不曾關注這個需求。你想要保有但需要修補、完成或升級的物品，也可以歸類到「原處不動」類，或是放進屬於它的「待轉送」盒子中，等待之後修理。這些物品包括有：

◎任何壞掉、缺角或遺失零件的物件；還可以重新被黏合、縫補、釘牢、替換、修理的東西。
◎任何未完成的物件，諸如寫作計畫、縫紉計畫、拍照計畫。
◎任何需要升級或更新的物品，比如電子產品、電腦配備。
◎需要訂約會的事件清單，比如打電話給牙醫，或送車子去換機油。

移轉

「轉送別處」類：這個類別包含所有從固有收納位置走失的物件。我在靠近樓梯平台處放了籃子與掛勾，用來收留要物歸原位的物品。只要有東西需要上樓（或下樓），它就會先收到這個籃子裡。我家的每個人都有自己的籃子，用以暫時存放要物歸原位的東西。在我進行清理時，我也會穿著圍裙或有大口袋的背心，方便攜帶較小件的待轉送物件。這些待轉送物件包括有以下這些類別：

◎任何收納位置處於**你家之外**的物件：圖書館借來的書；要歸還給奈飛租借公司（Netflix）的錄影帶；鄰居帶來一道菜與你一同晚餐後，洗乾淨要歸還的大盤子等。把裝有這些東西的箱子或籃子，放在靠近門口或你的車子的地方，好讓你可以看見，有效率地分送出去。

◎任何收納位置處於**你家之內其他地方**的物件：放在廚房桌子上的報稅單，需要回到書房的書桌；用來修理廚房洗碗槽的工具，需要回到地下室去；需要回到樓上卻放在樓下的東西。

◎任何收納位置處於**同一個房間／空間內另一處**的物件：書桌上繳過費的帳單，要收進文件櫃；放在地上的包裝紙，需要收進櫥子裡的箱子中；廚房桌上的信件，需要先收到每個家人各自的籃子中。

◎任何**需要檢修或修理**的待修物件，最後都會物歸原位。

「回收」類：回收，可以給予那些你準備丟掉的東西，一個新意義與新生命。以下所列出需要回收的次類別物件，可能都需要個別專屬使用的箱子：

◎任何可以重複使用或改造成其他東西的物件：比如紙張、玻璃瓶與罐頭、舊衣服、輪胎、球鞋、金屬製品、塑膠容器等。

◎任何可能具有毒性、必須謹慎處理的物件：比如水銀溫度計、日光燈管、油性顏料、顏料稀釋劑、汽車電池、機油等。

◎任何可以運走、零件可再利用的大型與笨重物件：報廢車輛、家用電器、工具、電子產品等。

「**贈送」類**：這是指那些你認為仍舊在「使用期限」之內、狀況良好的物件。思考一下有人可能樂於使用你不再需要或喜歡的東西：

◎慈善捐贈：衣服、家具、沒有腐敗的食物、給養老院的賀卡、堪用的油漆、給婦女庇護所的堪用的手機、電腦等。

◎當成禮物轉送：你知道有友人或親戚會喜歡的物件。

◎兒童用品：耐用的玩具、童書，或狀況良好、你的孩子已經穿不下的童裝。

「**出售」類**：這是指你想要重新出售的物件，比如，可以透過：

◎自家庭院舉行拍賣會

◎線上拍賣網站，比如eBay

◎託售商店寄賣

◎報紙、社區報紙或類似「買賣情報誌」的刊物刊登廣告

丟棄

「**垃圾」類**：任何在其他三大類中找不到棲身之所的物件，全都丟進垃圾桶中。這些物件都是生命告終、無處可去的東西。理想上而言，這一類東西分量應該最小。一些

明顯要丟棄的東西如下：

◎冰箱裡發霉的食物或調味料

◎食品儲藏室中已經過了賞味期限的食物

◎已經過了保存期限的藥品（應該謹慎丟棄；亦即，不能直接丟到馬桶中沖掉）

◎任何壞掉而且零件廢料無法回收的物件

不歸類

「懸而未決」類：這是指任何使你左右為難的物件；亦即，你不知道它到底屬於「保留」、「移轉」或「丟棄」中的哪一大類。你可以給予自己短短的一段時間來思考，比如一週。

清理練習

這個練習是要以底下幾個簡單步驟，結合前述「四大類」歸類法，來清理某個區域的雜物。

要做得快速又有效率，就像賭場莊家發牌員一般專業。容許自己完整而全面地感受任何的抗拒情緒，但別讓這樣的情緒減緩了你的速度，或導致你停下來。

當你做完練習之後，請閉上雙眼，留意自己的感受，並維持一分鐘的時間。注意你的呼吸（是否飽滿？或是很淺？）。注意你的身體與所處空間的能量，以及你的能量水平。

清理一個區域中的雜物

1. 指認出所要進行清理的那個區域，並且嚴格畫出界線，如同警察在犯罪現場拉出警戒線一般。
2. 找來幾個箱子或籃子，分別貼上標籤，然後手上拿著一個垃圾桶。
3. 先將東西依「四大類」分好，然後再依「次分類」分好（請參考之前的圖表）。
4. 使用本章稍前所列出的「清理玩笑小測驗」之原則，藉此來進行清理。
5. 收拾所有你要保留的物件；從「移轉」一類開始做起，最後則是「不歸類」。

清理日記

當你思考下列的反省句子時，開放自己去接納所有浮現的情緒，不要試圖修補、處理或改變它。

◎當我處理一個區域的雜物，感覺真的很好，因為＿＿＿＿

◎要拋開不需要或不會使用的東西，對我來說很容易，因為＿＿＿＿

◎當我以比較緩慢、慎重的方式進行清理時，我注意到自己所出現的感受，包括有＿＿＿＿

◎我今天（或本週）可以處理的一堆東西或一個區域是＿＿＿＿

24 療癒的清掃

一刻又一刻，我想要與這個不斷律動的清掃動作連結在一起。

——葛妮拉．諾莉絲，《家居之道》

想要讓能量流動，在你的生活創造新契機、提升意識力，並且為你自己、你的住家、整體世界輸入更深層的疼惜作法，這種種都不會花費太多心力。然而，如果你對迄今所讀到的本書內容，依然覺得分量過多而難以駕馭，或你感覺腦子打結、無法找到某個難題的解決之道，又或者你的地板始終髒亂難耐，我所能給你的最佳建議是：去找來一支掃把！清掃的簡單行動，充滿旺盛的能量；它同時具有撫慰、冥想與療癒的功能。

清理練習

給自己找來一把美好的掃帚，將它放在顯眼、方便取用的地方。以下是幾個與掃帚交朋友的方式。

作掃帚的朋友

◎**懷抱意圖**：心中帶著以下意圖來清掃——祈求一個新開始，祈求創造出生活的新契機，並清理一條路徑，好讓困擾你的難題顯現出解決方案。

◎**意識專注**：每日勤掃除，當作專注與放手的練習。

◎**迎接新能量**：在每次清理作業完畢後進行清掃，可以帶給這個清理過的區域一股新能量。清掃前門的階梯，可以讓新能量（「氣」或生命力）穿越門口入內來。

◎**擴充應用**：每六個月用力拍打床墊，並為它翻面；抖抖寢具，並晾到外面吹風；拍鬆你的沙發、椅墊、枕頭。

◎**清潔溜溜**：以掃帚找出天花板、窗框、窗簾、燈具上的蜘蛛網，然後清乾淨。

◎**輕鬆操作**：拿掃帚時，假裝你在跟愛人跳舞，或是在彈一把假吉他。

◎**帶動家人**：號召懶惰的家人站起來幫忙你！

清理日記

花一點時間反省你使用掃帚的經驗。

◎當我清掃門前階梯或家裡某個區域，我感覺＿＿＿＿

◎當我懷抱某個特定意圖進行清掃，體驗到的一個轉變、一個成果或頓悟是＿＿＿＿

◎讓家裡、自己的腦袋與心靈能量流動的結果，讓我感覺很好，這是因為＿＿＿＿

25 放手的祭壇

請寬恕我們的垃圾簍，
如同我們寬恕那些把垃圾丟進我們簍子中的人。

——四歲孩童對《主禱文》的詮釋，出處不明

如果可以想像混亂具有「可愛」的一面，那就會是三英寸高、穿著蓬蓬裙、缺了一隻腳的胖豬玩偶；它成了某一次我所舉辦的清理靜修會中的吉祥物。

在工作坊中，我請學員帶來一件可以代表他們生活中的混亂的小物品，用來禮讚他們的清理過程——可以說就像是去接納「怪物」一樣。任何東西都可以，只要形體不大

（亦即，用一隻手就可以抓握），用來當作想要拋開的壓力之一，而且你想要在課程結束後，永遠與它一刀兩斷。

「放手祭壇」——顯眼地放在房間前端、一張裝飾得很美觀的桌子上——成為所有在我們住家與生活中，未受愛護與療癒的那些「珍寶」的棲所空間。它如同守護精靈，保管不再為我們所用、不再支持我們的一切物件。

而讓你晚上無法成眠的難題，以及不安、考驗耐性的小麻煩、惱人的行為等等，也一併放在祭壇桌子上。我請參加的學員在一張紙上寫下考驗他們的任何難題，隨後把紙張放到祭壇上。這個祭壇可以無止盡地擴張。我告訴他們說：「祭壇會支持你們。你在生活中所發現的任何難以拋開的問題，它都會幫你料理。」

在週末結束之際，這個祭壇看上去非常像是，在一天終了時的那些庭院拍賣會現場——上頭擠滿著你從地下室深處所拖出來的廢物。

這些祭壇上的寶物，可能像是以下事物：

◎一疊報紙，代表著所有那些「只要我能有時間繞過去讀一下，就可以獲得啟發」的文章。

◎一疊法律文件（影印本）。

◎一疊旅遊地圖與廣告傳單，代表著「我希望有一天可以再度成行的旅行」。
◎一條獨一無二、手工彩繪的設計師品牌褲子，是「我（對，敝人在下我）砸下大錢買來的」。
◎一隻三英寸高，穿著芭蕾舞裝的胖豬玩偶（缺腿）。
◎一對全新的鹽罐與胡椒罐套裝組合，放在原本包裝用的盒子中。
◎一份手寫誓約，決心要刪除從二〇〇九年開始累積的四千封（未讀的）電子郵件。
◎許多張小紙片，上面列出阻礙我們前進與引發我們傷痛的想法與信念。

我告訴每個學員，這些五花八門的物品並非用來惹惱我們，反而是協助我們拋開對於這些東西的執念，禮讚我們的清理旅程，並讓我們保持清醒。這些東西也能夠提醒我們，別把自己的問題看得太嚴重。

當課程來到最後一個小時，作為放手儀式的一部分，我給予每個學員如下的指令：「請上前走到祭壇前，你們原先擺在這兒的物件（或是寫在紙片上具有挑戰性的難題）有多少個，就取走多少個。」唯一要當心的是：你不能帶回任何一個你帶來的東西。

「你們可以選取最讓內心產生共鳴的東西，」我告訴他們：「不管是因為物品的主人所分享的故事感動了你，或它代表你所希望清理的自己內在的東西，或它是你想要保留的東西。你們的任務是，回到家後，以充滿愛意的心情，拋開它或享有它。」

我補充說明一下我們那個吉祥物的故事：在這特別的靜修會最後一天早上，胖豬玩偶缺了的那隻腿奇蹟式地出現了。原因是玩偶的主人在某一次進行清理練習期間，沒有料到斷腿會從她的包包中掉出來。

這確實為我們下了一個很美的註腳，有助於我們牢記：**我們每個人終究都是完整的**。

清理練習

依照底下列出的閉眼練習過程，可以給自己一個機會，去實際體驗如何帶著愛與覺醒來拋開一個物件或念頭。如果這個練習有助於更進一步使經驗穩定下來，可以考慮製作一個實際的「放手祭壇」。

接納與放手

1. 請閉上雙眼，輕鬆地吸氣，然後徐徐地將氣完全吐出來。
2. 反覆誦念任何一句或所有那些有助於使你更加平靜的句子：比如「我已經夠好」、「我什麼也不缺」、「一切都已足夠」。

3. 想像在你面前有一座巨大的公共「放手祭壇」。留意擁有一個可以置放你不再需要、不再使用或不再喜歡的東西的地方，給你帶來如何的感受。
4. 有意識地去沉思某個表徵你生活的混亂的物件，並且你已經準備好要將它放上你面前的虛擬祭壇上。它可以是阻礙你體驗最佳生活的任何東西或想法。
5. 放手的一刻：在你把握機會反省有關放手過程的可能情況後，請想像有一個更高層次的力量，從桌上拿起你所要拋開的東西，然後充滿愛意地把它遞到你手上。
6. 當你感覺完成之後，請張開雙眼，並在日記中反省自己的體驗。

清理日記

請利用這個機會去思考「放手的意義」，以及為何你信賴那個始終對你提供無止盡支持的力量。

◎對我來說，要拋開＿＿＿＿很容易，因為＿＿＿＿

◎對我來說，要全然臣服於更高層次的力量，可說十分安穩妥當，因為＿＿＿＿

（請注意，當你思考為何你此刻感覺不是那麼「安穩」，留意自己的感受）

◎當我了解到我始終擁有無止盡的支持（甚至在清理工作只進行一點點時），這讓我感覺很好，因為＿＿＿＿

◎我知道在清理之旅中，我並非孤獨一人，因為＿＿＿＿

26 刪除的勇氣

當你對自己的收件匣瞄上一眼，
會讓你再一次籠罩在不安的感受中嗎？有多常發生呢？

——瑪格麗特・蕙勒・強森（Margaret Wheeler Johnson），赫芬頓郵報網站

賽思・高登是如何知道，他某天早上貼在部落格上的文章會完全說中我？

你在電腦前坐了下來，你所做的第一次事情，讓我猜猜，就是檢查最新訊息：檢查電子郵件或網站流量或老闆有無留言；檢查你所關注的推特或臉書上的朋友狀態……

你因此而放棄的，不只是一大段時間，而且還有你展開某個新事情的嶄新大好機會……

如果你是藝術家、領導者，或希望有一番與眾不同的作為，你應當做的第一件事就是，建造讓你完成目標的康莊大道，而不是去聽其他人對於昨天發生的事情所做出的反應／回應／堅持。

那一天，我真的需要專心坐下來，集中在寫作工作上，但我喝完咖啡後，卻照例做著一向在做的事情：我檢查了電子郵件、臉書的頭條新聞訊息流、自己的臉書頁面與推特更新，以及我的網站即時流量訊息。我有提到我最近剛加入啟用的「LinkedIn」社交網站嗎？

這真是大大的錯誤。

那個早上，我期待自己可以善用時間，然而卻虛擲了光陰。我讓自己捲進大量資訊、回信與問候的需求，以及一個接一個、讓人著迷的各種網站連結等，所形成的洪流漩渦之中。

我的收件匣與桌面亂七八糟得令人想尖叫！花了幾個鐘頭撲滅幾個火燒屁股的事情後，我自己也變得一團混亂，同樣令人想發狂尖叫。可想而知，那個早上我在寫作一事上毫無進展，不到吃午飯前，就已經精疲力盡。

如果你有急事要做，或要做的事情需要你付出有品質的時間、精力、專注力、創意或花腦力，那麼我對你的最佳建議是，請遵循高登的勸告：完全不要去檢查電子郵件、臉書、推特（或任何你加入的社交網站）。留意你心中的抗拒，但允許你心中那個躁動不安的自我，公開表明不喜歡你的作法。

而在其他的日子裡，底下所列出的一分鐘練習法門，可以有助於你從一個更有意識與清明的角度，輕鬆地進入這個科技世界裡頭。下述的練習，每一個應該都不會花上超過六十秒的時間。如果經常好好地運用它，那麼你的練習時間就會更短。

電腦裡頭是個嘈雜的世界。如果你有電子郵件管理系統，而且對你行得通的話，那就務必使用它！

清理練習

依照下列步驟的順序，今天就去清理你的電子郵件收件匣，目標是盡可能創造出更多空白的空間。

清理電子郵件收件匣——每日一分鐘維護法

1. **刪除**任何不需要進一步動作的郵件。當你有系統地這麼做，而且沒有迷失在閱讀這些信件中，做完後的感覺會很好。

2. 對不需要進一步動作但需要儲存下來的郵件，**歸檔**整理好。
3. **直接回覆**任何具有時效性的郵件，或是先標記起來，留待當天稍後閱讀。
4. **稍後追蹤**：把需要回覆，但沒有時間性的郵件，收進專屬的「稍後」文件匣中。
5. **稍後閱讀**：把不需要回覆的郵件，收進一個專屬的「閱讀」文件匣中。
6. **稍後看／聽**：把所有沒有時效性的錄音檔或影片連結，收進一個專屬的「看／聽」文件匣中。

如果這些步驟對你來說太多，沒有辦法一次到位，那麼可以選擇其中一項，並帶著覺醒的意識，把它做到最好。一旦你經常能看到空白的空間，那麼可以依照你的意願，嘗試做看看下述另一個推薦練習。

清理電子郵件收件匣——更多的實踐法（長期可用）

如果你有精力、意願與時間，請完成下述任何一個任務（請注意，可以允許你直截了當地「省略」這個作法；並請留意自己在進行這些練習之前、練習期間與練習之後的感受）。

1. 一天註銷一個會消耗你的能量、沒有給你任何價值、只是造成你收件匣紊亂的電子郵件。

2. 刪除儲存在「閱讀」或「看／聽」文件匣中的某些郵件。
3. 清理你的通訊錄。

清理日記

請關上你的電腦，把手機轉成震動模式，然後在日記中反省下述句子。

◎當我可以在一分鐘或更少的時間中，管理我的收件匣，我感覺是＿＿＿＿

◎對我來說，要刪除電子郵件並不成問題，因為＿＿＿＿

◎對我來說，不用去閱讀每封信，感覺既無害又讓我鬆了一口氣，原因是＿＿＿＿

◎看到收件匣中開始有空白的空間，這讓我感到＿＿＿＿

27 起而行

游出你的小池塘。

——魯米

還記得運動品牌耐吉那句響亮的廣告標語「做就對了」（Just Do It）嗎？聆聽腦子裡面的提醒話語，並以此展開行動，是一種很有力的反應連結方式，可以由此引導我們走上種種不同的道路。但你必須知道聆聽的時機……然後奮力衝破本能的限制，積極做出反應。

如同我的第一個面試機會，我幾乎就會不去了一樣（也就是說，我很開心我有衝破自己的抗拒，還是赴約去了）。

當時我還在就讀大學四年級。那年三月，我獲得了一個教職的面試機會，而工作地點是一家全國數一數二嚴格篩選學生的寄宿學校。只是有一個難題：面試的那天，碰巧是麻州那年雪下得最大的其中一天，而且我當時還沒有車。

那時我坐在友人的客廳中，一邊憂慮著該如何利用公車路線，以到達六十英里遠的小鎮安多佛（Andover），一邊認真考慮著是否要放棄這個面臨機會的問題。

漫天的雪花……我想著，要讓大雪成為我不去爭取人人渴望得到的好工作的原因嗎？一想到二十二歲的我，可能直接放掉如此一個大好機會，至今還是感到難以釋懷。

然而我心裡面八成有某個聲音說「去吧」，因為我努力振作精神要把自己拖去赴約。這個面試將帶給我一個工作機會與一段人生體驗，顯露我對於教師一職的真正使命感，並提供給我一個年輕人所能期盼獲得的最佳配備。

如果那時讓一點點的不便阻撓了我，就不會獲得這份工作；然而，這個教職為我之後的每一個奇妙機會奠下了基礎，包括一份教學獎學金，以及後來讓我可以完成碩士學位的全額獎學金。可以確定的是，在一九七六年那個命中註定、雪花紛飛、只能做最後一搏的日子裡，如果我沒有衝破我的恐懼，就不會站在今天所在的位子上。

當我思考著年輕時那人生關鍵的一刻，也聯想起另一個隱約浮現在前的重大里程碑：我的高中同學會四十週年慶。比起這麼多年來所經歷的一切生活點滴，更讓我震驚的是，我感覺**自己現在才剛要起步**。我的某些同學也許會談論著他們的孫子與退休計畫，我卻感覺自己此刻才要去弄清楚，長大後要做什麼的問題。

保持行動力

事實上，過去的那一年，將成為我的人生中最具創意與令我滿意的年分之一。我感覺自己彷彿終於獲得某種真正的清明心境、某種人生的引力與動力；我也全盤地理解到，來到此世要做的事與要成為怎樣的人。我有好多想要去做的事情！

雖然在投入了這麼多的努力之後，很開心最終可以收割到一點果實，但我必須要說，事先不知道會花那麼多年的時間，去進行播種、灑水、除草等接二連三出現的工作，這真的是一件好事。多年的磨練、修訂與調整方向；多年的詛咒、哭泣與希望；多年的衝破難關……失敗……然後再度衝破難關。這並非一言能道盡其中辛酸。

有關於我迄今的旅程，如果能說出一點人生智慧話語，那就會是：假使你對什麼事懷抱熱情，那麼，**去做就對了**。而且立刻起而行。無論是寫出下一本暢銷書，或是讓自己的電子郵件收件匣保持適度的控制……

做就對了！

做得並不好，還是持續做下去。

甚至每一次攀爬的腳步都滲著血水，還是咬緊牙根、堅持不懈爬上山頂。

繼續做下去，因為我們永遠支持你登上屬於你的喜馬拉雅山！

繼續做下去，並非因為希望得到怎樣的成果，而是唯有如此你的靈魂才能發光。

舉例來說，我今年將會參加這個高中同學會四十週年慶，而且驕傲地頂著一頭灰髮前往。我將繼續沉浸在美的事物之中，拋開對我行不通的事情，並持續做我所愛之事。

而且，我將繼續為每個人傳送以下這則溫柔的提醒話語，讓人人可用來作為勵志的動力：

去做足以讓你的心歡歌之事。如果你還不知道那是什麼，請持續地追尋，直到發現為止。

或者，讓它找到你。

清理練習

以下是兩分鐘的寫作練習。

亮點與低谷

1. **畫出兩欄的空間**：可以使用一張白紙，或是寫在你的日記中。
2. **左欄**：花一分鐘快速寫下一系列你的「人生低谷經驗」，比如你的掙扎、挑戰與感覺頓挫的時刻。
3. **右欄**：快速記下你人生中的「亮點」，比如你所有的成就、意氣風發的時刻，以及最自豪的時期（即便你的行動並沒有帶來回報，或無明顯帶來想要的成果）。
4. **限時回答**：在你進行這兩欄的寫作時，請使用碼表計時，總計兩分鐘結束。
5. **注意事項**：請不要細想你寫下的任何文字單元，但要開放自己去感受所引發的任何情緒，並留意進行兩欄寫作時，在呼吸上的差異。
6. **反省**：當你完成上述步驟後，花一點時間反省，並將心得寫在你的清理日記中。

清理日記

深入思索你的「亮點」與「低谷」的經驗，並填入下述句子。

◎當我分別在撰寫兩欄的內容時，我所體驗到的某些感受，包括有＿＿＿＿

◎有關我這兩種人生經驗，我留意到＿＿＿＿

◎我的低谷經驗，經由某些方式鼓舞、影響，以及促成我能擁有人生的亮點；這些方式包括有＿＿＿＿

◎即使真的很困難（我不知道自己在做什麼，或事情無法解決），但我很開心自己衝破了抗拒，並遵循我的衝動去做了＿＿＿＿

◎我知道我打算去實現＿＿＿＿對我的深深召喚（原因是＿＿＿＿）

◎讓我可以衝破抗拒，今天（或本週）就立即起而行的一個溫和方法是＿＿＿＿

行動

◎每日持續投入小小的努力，將真正改變在清理混亂上的遊戲規則。

◎壓力與被壓垮的感受，都是大腦已經啟動「戰鬥或逃跑反應」的徵兆：本能性的戰鬥或逃跑反應有利於處理立即的危險，但對於走出我們的「舒適區」去清理我們的執念，卻相當不利。

◎當我們每次重複一項心中渴望的任務，大腦就會創造神經通路與新「軟體」，來支持這項任務的進行。

◎「簡化與重複法」有助於略過恐懼反應。它是指去簡化某項工作的範圍與／或所花的時間，然後重複執行同一項或類似的工作，直至它不再引發壓力為止。這個方法同樣可以處理我們想要改變的行為問題。

◎進行清理的一個好用竅門是：「化為一」的作法。

◎沒有收納位置的物件就是雜物，亦即：物有其位，才算擁有。

◎給予物件一個收納位置，是認可它的用途與禮讚它的價值。

◎清掃、收拾與兜攏，都可以引導形成新習慣，並促成一種幸福感。

◎每天處理一項工作，是讓能量流動、創造生活新契機，與讓你感受良好的不二法門。

PART

IV

非認同：做個觀察者

認同……是逃離自我的一種形式。

——克里希那穆提（Krishnamurti）

28 非認同化的清理

讓一切以根本的單純示人，自然而然升起清明之心。你唯有無為，一切才得以完成。

——欽哲仁波切（Khyentse Rinpoche）

對峙或回應

我觀察到，我的情感風暴並沒有完全遠離，甚至經過主動清理幾近二十年後，它依然存在；不過，它現在所引發的擾動，在時間上已經縮短很多。我還是會發作；在發作期間，我會無理反抗，有時出之以戲劇性的誇張行為，是如此過分，甚至使我覺得很可悲。雖然我的自我不會承認，但有時這些無理反抗，感覺像是被迫做出來的，如同要把腳塞進已不再合穿的舊鞋裡面。當我處在類似五級颶風當中，我注意到，有一股來自內心某個部分所發出的強烈注視目光，它帶著津津有味的態度，冷眼旁觀著我怒火中燒。

此中的一個重點是：我發現，假使我可以容忍怒氣的強度上揚，而且不採取任何處理或改變的作法，它就會逐漸雨過天晴。

每一刻，我們都有機會去與發生的任何事情「共存」，但是，如果在沒有警告的情況下觸動痛處，我們就極可能重拾過去受限而緊繃的方式來做反應。比如，由於別人觸怒你，於是引發你的激烈對抗或口出惡言，這不僅會使你的那個痛處繼續處於活化狀態，而且會吸引更多這類的人與情境（亦即「細繩般的牽絆」）進入我們的生活之中。

在本篇與下一篇中，我們將探討有關混亂清理的「無為」面向。「非認同」與「同情」，讓我們可以從一個遠遠更為空闊、較不執迷的角度，踏上通往清理之路。事實上，此二者將給予我們方法，去包容我們的混亂。

非認同化的清理

非認同化的清理，事涉旁觀與見證。這個指導原則，將教導我們成為自身風暴的靜默觀察者。我們並不處理任何事，我們並不改變任何事，我們也不推促任何事。我們讓恐懼只是恐懼，心碎只是心碎，罪惡感只是罪惡感，喜悅只是喜悅。我們讓事情維持原本的模樣。

為防你接下來讀到有關「接納」的內容冷汗直流，你必須了解到，我所指稱的「接納」，並非意謂著我們忍受那些難以忍受的事，或是我們不想做改變。它並不意謂，我們趾高氣昂、袖手旁觀，完全不關心或沒有任何一絲感受，只是瞪著我們的生活在眼前流過——事實上，恰恰相反。

「接納」，意謂著在你啟動你的意向，並負責任地依你的意向行事之後，**你就退到一旁去，而且不執著於任何結果**。你開放轉變的可能性，但你不強迫它發生。你可以全然而完整地感受自己的情緒，但不會占有或認同這些情緒。你把所經歷的「情感天氣形態」，都當作是反饋的訊息。

而「同情」，則讓這個抽離自身的態度成為人性的展現。在西方，人們大體上認為，真實的關切等同於動手實作與處理，這使得想要學習以下這個課題，變得難上加難：**我們如果無法先客觀地抽離出來，就無法真正地感受到對另一個人、地或存在處境的同情**。

非認同的態度，並無法一夕之間嫻熟掌握。對於清除障礙，也沒有速成課程。完全沒有「一次就上手」的特效藥。要透過在一生之中不斷地實踐、獻身與保持意識專注力，才能達到這種層次的內心平靜。

為了完成這樣的目標，本篇的內容焦點將鎖定在練習之上：如何更少地「有所作為」（比如閱讀），與更多地「與當下共存」（比如觀察心理如何運作，並接納所發生的事情）。

29 全心接納

某些事情就是無法解釋。
對這些事感到驚訝與進行一些思索，都是有趣的，但重要的一點是，
你必須去接納它——接納事物如其所然的樣貌，並繼續成長下去。

——吉姆・道奇（Jim Dodge）

在我等待美國汽車協會（AAA）前來協助處理，並且理解到，即便我迫切需要治療，但將無法趕上與物理治療師的預約時間，於是在臉書貼了以下句子：「我現在全然處在，我的車這個早上沒辦法發動的狀態。」更不要說，我在好幾個月之前就約好了去做治療，而那個治療師真的很難約！

一個好心人很快在我的發言底下，寫上富有同情心的評論：「妳必定留意到，妳現在真的好想大叫的情緒，對吧？」

坦白說，我真正注意到的是，我在這個處境中所擁有的選擇。大叫，絕對是其中一種。沾染著哀怨氛圍的絕望，則是另外一種。

然而，我決定以「我選擇放輕鬆」的作法來面對。連我自己都很驚訝，一點也沒有引發我的惱火情緒。

這就是進步。

轉移自我的焦點

有關「非認同」的練習，是希望你可以轉移焦點。藉由重新思考「你所感知的一切都是屬於『你的』嗎？」這個問題，可以逐漸改變你與壓力形態的整個關係。

你可以練習不要認同自己生活中的身體與情感天氣形態的一個方法是，簡單地改變你面對它的語言與想法。在你記得這麼做的時候，嘗試以指示代名詞「**這**」，來替代人稱代名詞主格「**我**」。比如「我頭痛」，改說成「這是頭痛」；「我害怕失敗」，改說成「這是對失敗的恐懼」;「我很哀傷」,改說成「這是哀傷」等等。

這個作法看起來可能有些過度簡化,但作為一個偏愛簡單解決辦法的人,我發現,這個訣竅結合「軟化態度法」的經常運用,是如此有效,跟其他許多方法一樣,都可以帶給我們立即轉移焦點與解脫的效果。

清理練習

這個練習希望你可以運用意識力,退一步海闊天空,不要受困於潛意識的想法或信念。(請注意,如果你在處理屬於一輩子的傷痛與掙扎,或是手邊的難題給你巨大的壓力,那麼你心中的小猴子八成不會喜歡這個練習。在我們處於頑固緊抓不放的狀態,接納事物如其所是的作法,並非總是可以容易接受。這也是為何我們需要做「清理練習」的原因。)

以「這是」重構句子

下次當你注意到自己脫口而出又一個負面性想法時,要立即發覺自己的錯誤,並以「這是……」的句子,來替代「我……」的句子。比如:

◎「昨天晚上我又沒辦法睡著」，可以改成：「這是精疲力盡」、「這是疲勞」。

◎「我討厭做每個人的奴隸，總是跟在每個人後面收拾」，可以改成：「這是挫折」、「這是深深的失望」。

◎「咖啡嚐起來很苦」，可以改成：「這是杯苦咖啡」。

◎「小狗又在地毯上尿尿」，可以改成：「這是一灘狗尿」。

◎「共和黨人（或民主黨人）又再欺騙我們」，可以改成：「這是對我們未來的擔憂」。

◎「世界正加速惡化當中」，可以改成：「這是恐懼」。

在你以這樣的方式從問題抽離出來之後，留意是否因此產生任何的情感天氣，並全面而完整地感受它。你開放自己去感受抗拒（羞恥、罪惡感、痛苦）的程度高低，將決定情感天氣系統過境的快慢。

清理日記

請使用這塊園地來深化你上述練習過程的經驗，並在寫下想法時，藉由重新命名的方式，來更進一步練習「抽離」。

◎對我來說，去接納事情如其所然的樣子並無問題，因為＿＿＿＿（請留意並指認出你心中沒有感到如此安全無疑的部分）

◎阻礙我接納事情如其所是的原因是＿＿＿＿（而且我想要對它更有警覺心）

◎在做完「退一步海闊天空」的練習之後，我感覺到＿＿＿＿

◎對我來說，要去放手與給予信任，可說不成問題，因為＿＿＿＿

30 開放自己

單純地接納每一件發生在你身上的事情。

——拉什（Rashi）

我不知道該拿我自己跟車子怎麼辦。不管是老天開了個幽默的玩笑，或是老天確實知道我需要一堂放手課程，來教導我如何「開車回家」。

有一天，我結束了給整脊師的按摩後走到停車場，驚訝地看到我的車——還是停在四十五分鐘前我離開它的地方（我可以補充說明，還停得有模有樣）——在前方車頭部分整個被撞爛了。

我繞著它走了一圈，想著這輛車不可能會是我的車（但確實如假包換），而且我也不可能會碰到這種事（但真的碰到了）。

車前的保險桿整個從底盤被扯開，只連著一個螺栓而顫巍巍地吊著。地面到處都是碎玻璃，且沒看見有任何留下的紙條。沒有紙條上面寫著：「真抱歉，這是我的電話號碼與保險資訊，請打電話給我，我們一起好好處理這件事……」

我杵在那兒，完全不相信眼前的情景。

我的腦子不停尋找意義，卻毫無所得，於是做了在需要理解事情時會做的事：進行合理化思考；我的腦子跟自己展開一場長長的爭辯對話。

它們花了兩個鐘頭想釐清該做的事，我看著心中的兩造——「寬廣的我」與「可憐的我」——彼此捉對較量，想爭出高下：

寬廣的我：嗯，這真有趣……

可憐的我：喔！老天，我居然碰到肇事逃逸事件！我從未碰過這種鳥事。

寬廣的我：情況還可能更糟糕的……比如我可能坐在車子裡面。

可憐的我：損害實在太嚴重了！只有野蠻人跟懦夫才會如此粗心撞上這輛漂亮（出廠十五年）的車子車頭，然後開車逃走。

寬廣的我：喂，喂！你看一下那裡！那裡就有一間汽車修理廠，走路過去就能到。

可憐的我：修車肯定要花一大筆錢。難道我要為別人犯下的錯誤付錢嗎?!

（修車廠走出一名好心男人過來解救我，幫我搬開保險桿，好讓我可以開車回家。）

寬廣的我：現在交到專家手裡了，這個人將會好好處理我的車。

可憐的我：但是，但是……我現在又沒有時間等修車!!

寬廣的我：每個人都好友善，又有同情心——代表美國汽車協會道路服務處前來的小姐、我的保險公司業務員、撰寫報告的警察先生、對我頻頻抱歉的加油站服務生（因為監視器鏡頭的涵蓋範圍，不足以拍下事件發生時的狀況），還有將會修理我的車的修車廠天使……

儘管傷了車子，又傷了荷包，但仔細考量之後，「寬廣的我」勝出——不過這僅僅是針對當你不執著於結果如何、又被陌生人的善意所感動，而且好奇地想了解一切如何發生時，所感受到的情緒的湧動來說。

捉對較量的自我

下一節要引介的清理練習，是我稱之為「軟化態度法」的另一組家族句子。這第三組句子，是設計來支持清理練習的「無為」面向，把鬧哄哄的心（一而再、再而三地）帶回到現在當下。

幾年前當我從飲食中排除對於糖、咖啡因與酒精的攝取後，結果經歷嚴重的戒斷症狀，我當時就發現這組句子在自己的生活中，可以發揮的巨大功效。儘管我的身體系統在進入戒除狀態時並不順利，而且還引發明顯的抗拒現象，但經過一段時間後，卻逐漸開始肯定底下將列出的這組句子的效果。我悄聲對自己複誦這些句子，最後終於成為送給自己身體的天賜食糧。

提醒你，並非一開始就會很順利。我心中的小猴子討厭受苦，討厭與痛苦共處一室：**是喔？什麼都不做，可以嗎**?!擁有重度執念的自我，一心只想要發號施令，而且因為恐懼，連一秒鐘也無法放手；對這種個案而言，可能會覺得「軟化態度法」帶來威脅。在我實施飲食淨化作法的首週期間，所經歷到的身體與情感天氣起伏浪潮，讓我明瞭，自己在身體上與情感上的淤塞情況有多嚴重。

當我要求自己的身體去做違反直覺的事情，如同海綿吸水一般來吸納這組句子，而更進一步陷入不安適的狀態中時，讓我又驚又喜的是，總體的最終效應卻是痛苦減少了。我的後腰與腿部立刻湧上甜美的、鬆弛的解脫感，不再僵硬緊繃。一股終極的平和感受也朝我湧來。

清理練習

第三組句子有四句。任何時候當你被觸怒，或感到被壓垮、壓力大、煩躁不安、心情低迷、失去平衡，或甚至感到反胃，都可以使用這組句子。

任何時間只要你想到，可以張著眼睛複誦句子，或是閉上眼睛，以這組句子進行五至二十分鐘的冥想練習，然後看看這些句子對你起了什麼作用：

我安於此刻
我就是當下
我接納
我開放自己

簡單冥想法之三：開放自己

1. 一開始先找個安靜、舒服的地方坐下來，確定至少可以持續五分鐘不會被打斷。
2. 閉上雙眼，在你的椅子或軟墊上坐好。
3. 把這一組的第一個句子「我安於此刻」**嵌進自己的意識**之中，然後開放自己的心隨它去。
4. 如果你想要的話，可以複誦這個句子。或者移到下一個句子「我就是當下」，留意它帶給你的感覺。
5. 留意自己的呼吸。
6. 當你感覺合適的時候，嵌入第三個句子「我接納」到你的意識中。
7. **觀察自己的念頭與情緒**，不要以任何方式操弄或控制它。
8. 當你完成後，移到這一組的最後一個句子「我開放自己」。
9. **注意這些句子的緊繃與鬆弛效果**。留意哪個句子比較容易複誦與記憶；哪個句子使你產生一點遲疑反應或是引發情感天氣。
10. 當你感覺完成時，輕輕動動你的手指與腳趾來作為結束的動作。張開雙眼，並花一點時間反省自己的體驗。

清理日記

請利用片刻時間來反省你練習「簡單冥想法之三」的經驗，並思考「接納事情如其所是」的這個概念。

◎在練習冥想之前，我感覺到＿＿＿＿（在練習過後，我感覺到＿＿＿＿）

◎當我複誦「我安於此刻」與「我就是當下」，我感覺到＿＿＿＿

◎當我從一個壓力情境中抽身而退，我感覺到＿＿＿＿

◎對我來說，開放自己接納事情如其所是的模樣，並不成問題，原因是＿＿＿＿

31 抽離執念

如果你想要某個地方一片祥和，不管是心靈平和或人間平和，以下是給你的簡要指令：請保持一開始的緊繃感，不要橫生枝節。一切作法以簡單為原則。

——佩瑪．丘卓

我們珍愛的冰箱今天要離開我們了。我還可以聽見它在另一個房間中持續發出嗡嗚——一如它二十五年來的聲響——卻沒有注意到它的命運。彷彿是我們宣判了它的死刑。

在我們結婚那年，也就是一九八五年，買了這台Hotpoint牌的雙門對開冰箱。當時，它外觀上的乳脂狀裂紋與木質鑲板的垂直條紋，和酪梨色的爐子及地板貼布搭配起來相當美觀協調。除了偶爾會發出嗡嗡響或啪啪聲之外，它總是任勞任怨，從未抱怨過一次，而且也沒有維修過任何一次。

我為何感到如此傷心？為何感覺自己像個叛徒？取代它的新冰箱不是遠遠更為符合環保的需求嗎？我們買了一台新穎的不銹鋼冰箱，看起來真的時髦漂亮，而且跟其他家電用品很搭，上頭還貼著一枚標榜能源效率的星形標章。

像這樣子的執念，並不是理性的想法。

清理練習

本章的練習是結合前兩章的練習擴大而成，有助於你快速而流暢地走出情感天氣系統撥雲見日。它旨在消除舊有的習慣、安定神經系統，並讓你心中的小猴子安靜下來。

讓自己抽離

下一次當你感覺被觸怒，或是感覺驚惶失措——也就是說，你注意到自己侷促不安、動彈不得、失去平衡、被壓垮、悲傷、害怕、感覺就要方寸大亂（或是已經如此）

——那麼就可直接採用底下所列出的簡單四步驟練習。

為了讓自己不要迷失或陷在情感泥淖之中，我們應該帶著一個新手的心情來進入這個練習。你要保持好奇心、態度溫和、動作輕緩。你的關切點並非是出現了什麼問題，而是你如何處理所浮現的情感天氣。花一分鐘進行本書這個練習，可以使你感覺良好，並能提振你的精神：

1. **停下來好好呼吸**：有意識地從處境中抽身而退。深深呼吸。將你的氣息往下帶，穿透你的腳掌，把它帶往地面下的深處。

2. **指認與感受**：接受處境本身原來的樣態。去指認它，並開放自己接納你的體驗：比如，「哇，這是緊張」、「這是瘋狂」、「這是噁心」、「這是負載過重」等。傾身感受情緒，直到你能全然接納，但不要認同它。保持呼吸平穩。

3. **重塑架構**：經由想像你所希望的新感受方式，運用你的能量來進行不同的選擇。轉移注意焦點，即便你不大相信（或沒有感受到）新焦點的可行性。去尋求肯定自我的方式，或是利用「軟化態度法」的句子：比如，「我選擇放輕鬆」、「我已經夠好」、「我接納」等。讓自己放鬆一下；可以隨意給自己一點自我接納的鼓勵，比如採用由「情緒釋放（穴位敲打）技術」（Emotional Freedom [Tapping] Technique）所啟發的句構模式：「即便我現在感覺被壓垮（倜促不安、被誤解、受傷害等），但我還是深深地、完整地接納自己」。

4. **重複操作**：重複此前三個步驟直到天氣系統緩和下來或雨過天青為止。

清理日記

請使用底下的提示句子，逐步認清自己的占有模式之全貌，並想像解放在你身上的這些占有模式，會帶來怎樣的感受。

◎我此刻正在解決，而且希望可以從中解脫的一個難題是________

◎我開始指認並感受我的抗拒時，（在身體上、心理上、情感上）引起了________

◎有助於我調整注意焦點的方法是________（原因是________）

◎對我來說，要放開這個眼前的難題並不成問題，因為________

◎為了有助於更快恢復感覺良好的感受，我現在（或今天／本週）可以為我自己做的一件事是________

32 失望策略

我活著的信念是：「不」這個字，就是一個完整的句子。

——安．拉莫特（Anne Lamott）

在第二十九章〈全心接納〉一文中，我分享了「生活突然投了一個曲線球給我，讓我遭受大麻煩」的故事。我當時沒有說的一件事是，在知道這也會造成別人的大麻煩時，我心中的感受：在這個故事中，一名健康照護人員也正努力趕著準時赴約——而且是為了我這個人。

比起車子壞掉與錯過這個我所需要的醫療機會，還更糟糕的是，我可能會使我的物理治療師失望——而且我覺得沒有什麼事情比起這個失望還糟糕。當我們在講電話時，可以從她的聲音中聽出一股失望的情緒，然後我就看見自己進入再熟悉不過的反應模式：一心只想鑽進找得到的最深的洞裡面躲起來——退縮式的情感天氣形態。

然後我回憶起，我在雪柔・理查森（Cheryl Richardson）的《徹底自我疼惜的藝術》（*The Art of Extreme Self-Care*）一書中，所讀到的一則建議；我覺得它的意義很準確，卻也很激進。她說：如果你想要過著一個真正的真實生活，那麼你需要（積極地）學會使別人失望的道理。

是的，**積極地**。

哎呀！這條建議對於凡是不想惹是生非的人來說，可說頗具挑戰性。

如果使別人失望的這個想法讓你頻頻作嘔，那麼可以考慮以下方法，好協助你發展出設定清楚人我界線的智慧：

1. **調整呼吸**。
2. **優雅地婉拒**。你可以使用我所偏愛的這個句子來說不：「謝謝你來問我；但很抱歉，我恐怕沒辦法。」
3. **允許**自己可能會傷害到某人的情感，或做出「糟糕」的事情。
4. **指認並感受**自己的不舒服情緒，包括罪惡感、自我批評、評價。讓所有的情感天氣自然生發，但不要認同它。

5. **繼續調整一下呼吸**。

坦白講，如果你認真思考這個主題，引起別人失望並非是最難的部分。畢竟，我們經常出於無心這麼做。最難的部分是，想不折不扣地達到這個目標，而且還是有意識地這麼做。

清理練習

讓不舒服發生

這個練習有兩個部分。第一部分是，去做某件可能會使對方失望或很難接受的事，比如向對方說不，或說出真話。第二部分則是，在你的日記中，反省你的感受。請記得，指認與感受不舒服的情緒，本身也是一種清理形式。

清理日記

請利用這個時間，來指認與感受任何來自造成他人失望所引起的情感天氣。

◎我想要對某個人（或某件事）說不，而這個人（或這件事）是＿＿＿＿＿＿

◎對人說不（或說真話）的概念，讓我感覺＿＿＿＿＿＿

◎當我思考自己在過去可能造成某個友人（或家人）的失望時，所引發的某些情感天氣與抗拒是＿＿＿＿＿＿

◎對人說不的行為，支持著我的最高與最佳自我標準，原因是＿＿＿＿＿＿

33 認同的陷阱

你就是天空本身。其他一切則只是天氣變化而已。

——佩瑪·丘卓

你有多少次在走進大型量販店時，一開始感覺還不錯，但出來時卻感覺精疲力盡？或者，你可能站在超市的結帳隊伍中，突然感到一股情緒湧動，比如沮喪、不安或對於錢事的擔心等接踵而至，而這是你在稍早之前並沒有的情緒。或許你在走進一個房間後，毫無特別理由就感到心神不寧。

經過幾近二十年清理人們空間中的能量同等物——混亂之後，以下是我確定知道的事情：**我們在生活中所感受到的大部分壓力，事實上都不屬於我們！**

如果這樣的說明似乎很牽強，那麼當我說，大部分人類所感知的身體與心理壓力，都是我們對於在天地間打轉的不可見能量所產生的潛意識反應，這可能更讓你覺得不可思議。我們的生活空間，非常像是深海中的體驗：到處都是流動的、活生生的、充滿著可能對我們友善或不友善的能量印記；友善與否則取決於我們與能量之間的關係（也就是說，我們在警覺性、執迷與恐懼等程度上的表現）。

當某個（你在此前幾分鐘沒有感受到的）頭痛，變成我的頭痛；當某個悲傷，變成我的悲傷；或某個不安，變成我的不安——你絕對可以確定，你已經認同了一種壓力模式，你決定了它就是你的，而且帶著它一起回家。

那麼，如何在一開始就不會把感覺不屬於我們的怪東西帶回家呢？首先可以經由接納事物如其所然的模樣，並且盡量不要把它據為己有——如同某天深夜我碰巧在美國廣播公司（ABC）的《夜線新聞》（*Nightline*）節目上，看到艾克哈特．托勒（Eckhart Tolle）在訪談時這樣提醒我們：

主持人：您完全不會感到惱火、發怒或悲傷——任何負面的事情都不會？

托勒：不會，我接納所有發生在我身上的事情；這也是我的生活變得如此簡單的原因。

主持人：甚至某個人故意開車擋了你車的去路也不會？

托勒：對，那還好。那就像突然起了一陣風。我不會認同這陣風，它就只是一陣風而已。

所以，下一次當你處身在一間大型量販店、排隊站在隊伍中、在餐廳等待點餐，或去某個人的家或工作地點閒晃，請留意你在那個空間裡的感受。你的感覺與你抵達該地之前是否相同或相異？你感覺活力充沛或精疲力盡？如果你走到該空間或房間的另一頭，感覺是否有所差異？你的呼吸感覺起來怎麼樣？

當你在生活中四處走動，可以時時保有警醒的意識，並且不去認同任何所感受到的不舒服情緒，那麼這種不適感以及你自己，就能有所改變，而且可以永遠持續下去。

清理練習

不屬於我們的壓力模式，一旦認同了它，就會變成我們的壓力模式。這個簡單的練習，有助於你從發覺不舒服的任何問題或情感天氣中抽身而出。

不予認同

下一次當你突然感覺到某種僅僅幾分鐘之前，並未感受到的情緒湧動或劇痛，請輕鬆地吸氣與呼氣，並同時悄聲對自己複誦這個句子：「這不是我的」。

請抽離這個情境，觀察所攪動起來的情緒感覺，但不要受困其中或迷失在它掀起的波折裡。留意這樣操作時，自己感覺如何。

清理日記

利用這個時間來反省，當你受困於某個物件、地點或人的劇碼中的感覺，並思考抽離而出、不認同它，帶給你什麼感受。

◎我偵測自己受困在某個物件、地點或人的泥淖中的一個方法是______

◎當注意到自己接收了或被吸進某個幾分鐘前，並沒有感覺到的不良能量時，我可以立即做的事是______

◎當我複誦「這並不是我的」時，我注意到自己______

◎對我來說，要從我今天感覺到的某個難題中抽身而出，並不成問題，因為______

34 迎接神祕

擁抱你的困惑。雖然並不知道全部的答案，還是保持平和之心。

——雪柔．理查森，《自我照顧卡》（*Self-Care Cards*）

昨天我在不到兩個鐘頭的時間內，就從世界之顛跌到谷底；瞬間就從顛峰無量下墜、粉身碎骨。

這一天，一封重量級電子郵件炸彈，宣布了本書前一版本的正式上市：這封棒透了的郵件，是由代理我的傑出公關所寄出，而他通過他的郵寄名單寄給了好幾萬人。

這一天就這麼乒乒砰砰地展開：在點選網頁時，不停感到令人振奮的腎上腺素往上衝；一系列行銷電子郵件的訂閱人數，以及亞馬遜網站上的銷售紀錄，所有指標看起來都相當好。多年來孜孜不倦的寫作、準備、計畫、井井有條的安排，我已經蓄勢待發——最後終於得到站上舞台的機會，我的書也獲得了應有的大型宣傳造勢活動。

這就如同看著我所賭的馬兒跑在第一的位置，遙遙領先其他馬匹，而且我全部的財產都拿去下了注……

直到我投注的馬兒突然停下腳步，在牠的跑道上一動也不動地站在那裡，一切就由紅翻黑——事情差不多就是這樣。

我的網站所使用的伺服器，毫無來由地當機失靈。當天所有的連結與頁面路徑，全都啪的一聲像蚌殼一般關閉起來。歡樂瞬間落幕。

我難以置信。我被重重打了一拳，完全被打敗，一個人孤立無援，完全不知道發生了什麼事，手中握著軟趴趴的大獎彩票。

怎麼會發生這樣的事？為何老天要嘲弄我、讓我失望至此？

然後，奇蹟般地，從（一開始並沒有想到的）臉書這座「廟堂」的某個黑暗角落中，出現了一篇來自我最喜愛的性靈導師之一佩瑪．丘卓的貼文。她雙眼滿懷同情，微笑地俯視著我，她有一篇直接從老天那兒收到的訊息要給我，我摘錄如下：

焦慮、心碎與脆弱等這些情緒，標示出一種類似漂浮的中間狀態。它是那種我們通常會避免踏入的場域……由於處在無名之地，而愈來愈沉浸在反胃的感受中，將使我們的心愈加脆弱易感起來。當我們擁有足夠的勇氣讓自己處身其中，將自然生發出同情的心理。通過不知道、不希望知道與不表現得如同自己知道發生了什麼事情，我們就開始掌握到通往內在力量的路徑。

我嚎啕大哭起來。說得真對！我怎麼會忘記這個道理？我自己在書中還寫到有關「不知之知」的主題。

但我全忘了。我變得貪心。我迷失在自視過高的陷阱裡，困在待辦工作日程、想要控制一切、心胸狹窄的迴圈之中。老天於是幫我拔掉插頭來對我伸出援手。

伺服器再度恢復運作。網站重新連上線。所有系統都嗡嗡運轉著。

假使這次的技術故障（與我的崩潰）沒有發生的話，我將對書籍銷售量、電子郵件訂閱人數，或臉書上所收到的「讚」等意義，沒有任何概念。

我得到訊息說，我的書上市造勢日的活動，亂中有序地順利展開。在我反常的時候，讓我知道事情總是運作得很好……而且我也會接受，並非每件事都像表面所呈現出來的樣子。

與「未知」同遊

離開了我從事二十年的工作生涯後，導致有一段很長的時期，墜入我稱之為「未知」的迷濛地下世界中，獨自一人摸索前進。迄今仍會發現自己有時就會造訪這個地下世界。比如，會在我完全沒有預料的時機突然置身其中，而經常是在新事物將要誕生之際，我就又再故地重遊。我從不知道這樣的時期會持續多久，但就像迎接老朋友一般，盡我最大的努力歡迎它降臨在我的生活之中。

不管是出於有意識的選擇與否，當你在生活中騰出了空間，很可能就進入了一段重大的未知時期；在這樣的時期中，你所做的或體驗到的任何事情，都無法在它所坐落的脈絡上找到意義，此時你似乎完全喪失了連結意義的重要能力。甚至可能遇上瓶頸，整個人一籌莫展，就像我這一生中好多次的經歷一樣。

讓神祕存在。感受神祕的迂迴曲折與看起來彷彿死胡同的無路可出。假使你能忍受它的不確定與不舒服的特質，那麼這是一塊可以流連其中的豐饒之地。在我的人生裡，我發現這些時期都充滿力量與創意——在大部分時間中它高深莫測、混亂不清，並且讓人氣急敗壞，但它也如同一方肥沃的黑土，可以促進新事物的萌發與成長。

清理練習

與未知肩並肩

你此刻的生活是否有出現什麼不盡然合乎情理的事情？是否有你無法了解或持續懸而未決、晦暗不明的難題？有某個你就是難以理解的人嗎？有某個讓你滿嘴苦澀、沒辦法了解其中因由的處境嗎？

請利用這個機會，什麼也不做，就只是流連在這一片未知的場地之上；傾身其中，直到你能掌握它。

當你不執著於擁有某個結果時，你由此得到了什麼東西？

清理日記

請使用你的日記，來深化你對於未知的體驗。

◎在我的生活中，某些讓我感到不舒服（或無法理解）的難題是＿＿＿＿

◎我更進一步探入體驗未知之中，我感受到＿＿＿＿

◎對我來說，進入未知的時期中，並不成問題，因為＿＿＿＿

◎為了緩和我對於未知處境（不知道答案、不知道我的下一步）的不舒服感受，我現在（或今天／本週）可以去做的一件事是＿＿＿＿

35 什麼也不做

有時候我會坐下來思考；有時候我只是坐著而已。

——薩奇．佩吉（Satchel Paige），美國棒球選手

不管何時，當有人逮到我們什麼也沒在做，我們會立刻跳起來摸東摸西，好讓別人不會以為我們就是個只會浪費時間的懶鬼——為何會這樣呢？如果你也有這樣的反應，那麼當你思考下述概念時，會覺得相當激進：**什麼也不做，是人的存在的合理狀態**。

假使你本身如同大多數人一般，是部停不下來的工作機器，我猜這個想法恐怕會跟你不合拍。尤其，如果你住在西方世界，這兒所有成績與成就的判準，都是從我們

「做」得好與壞來衡量的。

「無為」，就像一間你可以在其中閒逛一陣子的空洞大廳。雖然這聽起來並不太誘人，但以下是我的體會：每天留下幾分鐘的時間去練習什麼也不做，可以為我們揭示出屬於自己的全新的一面，而且是我們從不知道已經存在在那兒的自己。

以下是幾個與「無為」攜手同遊的方法：

◎在排隊等待時，什麼也不做。
◎在等紅燈時，什麼也不做。
◎在等待晚餐煮好或泡茶的水煮開之前，什麼也不做。
◎當電話響起來時，什麼也不做。
◎在你通常會去找個什麼事情來做的時間點上，比如打開電視來看、查看臉書、發簡訊給朋友，改成什麼也不做。

你可能會由此發現怡悅的空闊感、安詳的寂靜與深沉的平和；這是一片幸福的空間，你將一點也不會感受到冰冷與空虛！

清理練習

鬆開自己

你猜對了：如果你願意接受，你的練習就是「什麼也不做」，然後留意這帶給你怎樣的感受。

注意想做什麼的衝動。注意浮躁、反胃、焦急等感受，但不要阻礙它的發作，只要靜靜通過它就好。

留意你的呼吸。

當你感覺完成之後，拿來日記本，反省你的體驗。

清理日記

請利用這個空間，思考有關「什麼都不做」的感受。

◎在我的生活中擁有空間的空間，讓我感覺＿＿＿＿

◎什麼也不做，讓我感覺很好（或感覺不好），因為＿＿＿＿

◎對我來說，被人逮到什麼也不做，並不成問題，因為＿＿＿＿

◎我可以在自己的生活中，培養更多「無為」的一些作法，包括有＿＿＿＿

非認同

◎非認同，事涉純粹的旁觀與見證。

◎純粹的旁觀與見證，意謂著我們不分析、不認為情緒來自自己，或不迷失在任何的情感天氣形態之中。

◎非認同，是一種我們可以培養與實踐的存在狀態。

◎使抽離自身的態度成為人性展現的因素，稱之為「同情」。

◎我們如果沒有先抽離自身，就無法握有同情別人的真正空間。

◎抽離，使有形混亂的清理更加容易實施。

◎神祕是合乎情理的存在狀態。

◎悠遊在「未知」的領域中，即是放手。

◎放手就是清理。

PART

V

同情：此刻的好感覺

如果你想要別人快樂，就展現同情心。
如果你想要自己快樂，就展現同情心。

——達賴喇嘛

36 懷抱同情的清理

我們並不需要改進自己；我們只需要拋開遮蔽我們心靈的迷障。

——傑克．孔菲爾德（Jack Kornfield）

無疑喜悅

在麻州的康科特鎮（Concord）——作家梭羅過去就住在這兒思考人生的問題——我偶然看到一個句子：「無疑喜悅是生命的條件」；這是在某個男人的破舊老爺車保險桿上，所貼的一張貼紙上的文字。我停下腳步，覺得很有意思，就把句子抄下來。此後這些字眼就經常在我的意識中迴旋舞動。

無疑喜悅是生命的條件。我反覆咀嚼，如同在品嚐一杯美酒。我聞到它的芳香。我慢慢地玩味它，彷彿面對一盤料理，每一口都顯露更多的神祕與完美的滋味。宛如一席純粹的珍饈美饌，讓我飄飄欲仙……不過，事情難道這麼簡單容易嗎？

「『無疑喜悅』（surely joy）……聽起來很像是一個人的名字，」稍後我的丈夫在晚餐時這麼說道：「就像是『Shirley Joy』（雪莉．喜悅）。」我想著：「對，就像是某個你喜歡跟她共度時光的人，因為她風趣好玩，而且笑口常開；她整個『抓住了你』，而且她毫無條件地讚美你、為你開心。」這個雪莉完全跟控制狂希爾達（Hilda）相反；希爾達是我幾年前杜撰出來的名字，用來代表我並不特別自豪的一面——希爾達是「嚴厲對待自己的希爾達」的簡稱。

兩隻手掌朝上，分別放上這兩個人來評量看看：到底是「嚴厲對待自己的希爾達」或是「雪莉．喜悅」，哪一個聽起來讓你想跟她一起出門閒逛？

有關混亂這回事，是它毫無幽默感。它不曉得任何有關喜悅的事情。喜悅並不存在於它的勢力範圍之內，也不是它的詞彙。跟喜悅比較起來，混亂是單面向的事物：它心神不寧、複雜難解、遲鈍無感、枯燥單調。

喜悅則是清理的副產品。它是讓人感覺空闊的香檳酒氣泡；是湧出清澈心境的天然水流與青春之泉。它永不止歇，充滿吸力的磁性。它是當我們心思清明如鏡時，所散發的能量。

喜悅就是我們自己。

所以，假使你在思考該如何能夠獲得一些或更多的喜悅，讓我們這麼說吧：其實，我們已經慢慢地被建構成喜悅了。

在之前三篇，你已經有機會練習集中注意力、循序漸進採取行動與從種種波折中抽離而出等方法。本篇中，我們將探究第四條清理路徑：同情。同情是清理過程的柔軟香膏，可以把你與導引你的純粹精神泉源連接起來，支持你進行毫不費力的解脫，並讓純粹的喜悅化為泡泡冉冉升起。

而「同情」這個詞裡面，剛好可以見到「**熱情**」的影子。

懷抱同情的清理

在我的清理之旅中，最大的一個發現是以下這個：完整而自然地全面感受我們的情緒是再好也不過了，但是，如果我們在進行清理時感覺有疑問，**我們將不會有任何進展**。我們所需要的是一只「容器」，讓我們在放手時感到安全無虞。在進行空間清理時，是由專業執行者提供客戶與欲清理的空間，這個安全的「容器」，好讓他們可以拋開占有模式。而在進行混亂清理時，這個容器就稱為「自我疼惜」。

對於那些認為「同情」蘊含著無私概念的人——亦即，認為同情包含著所有人渴望擁有的利他特質（而當我們無法百分之百力行同情所含有的這種特質，也會因此顯現出所有我們力有未逮的缺點）——請容許我進一步澄清與說明。

我的焦點是放在「自我完足」的概念之上，如同「自愛」、「自尊」、「自我接納」等意義。它意謂著溫柔與寬恕，如同給予自己大幅度的寬鬆餘地；它允許自己不符合別人的期待，也可以讓自己感到失望；即便自己一團亂、一敗塗地，也沒有關係；它設下凡事適可而止的清楚界線。如果不滋養「自我疼惜」，就沒有清理的作為，也培養不出真正的空闊心境。道理如是，懷抱同情的清理，是為自己「保留一個空間」。

同情，是一條有助於我們感覺安全地進行放手的清理路徑。當你懷抱同情之心，比如憂傷或羞恥等的感受，就會失去它的力道，自然而然重組成某種更為寬廣、更為一致的事物。當你看著一名母親毫無條件地抱著她憂傷的孩子，或是看著你的待辦事項行事曆、思考著需要去修補或做什麼事情，就會明瞭以上的道理。當孩子感覺一切良好、踏步走開，那是因為他的母親為他保留出一塊空間。唯有當我們默默支持與相信自己，才能培養出這種程度的安全感。

在你自己的**內裡**，想像擁有德蕾莎修女的特質。你心裡的這個部分是如此巨大無邊，可以感受最惡劣的情感天氣過境，而且還不會為它所影響。你的這個部分，始終面帶微笑，眼底閃著光芒。這種成為自己「無所不在的見證人」的能力，即是所謂懷抱同情的清理行動。

如果你在「自我疼惜」方面感覺涵養不足，或所獲得的支持不夠，本篇將提供你一場盛宴，讓你有機會餵養你的靈魂。如果你在生活中進行混亂清理，因而體驗到任何不舒服的副作用，本篇將對你特別重要與有效用。

37 神妙的休息

什麼也不做，之後再休息一下，是多麼美好的事。

——西班牙諺語

休息。這兩個字聽起來不是很神妙嗎？

如果休息是如此美好，為何我們並沒有更常擱起雙腳、閉上眼睛休息呢？英國首相溫斯頓．邱吉爾（Winston Churchill）就因為他的午後小憩而有名。午睡時間已經是幾世紀以來西班牙文化的主要特色，每天午後大部分商家都關門休息。而這種作法似乎一點也沒有影響到他們的生產力。

當然，睡眠的益處已經有很多證據證明。睡眠可以修復身體，使身體恢復平衡，提高免疫系統的效能，延長壽命，使我們重新充電、變得更美、心情更好！

研究指出，二十至六十分鐘的午睡可以增進大腦的連通性、決策力、問題解決能力與創造力。菲虹妮克．菲彥（Vèronique Vienne）在她發人深省的著作《無為藝術》（*The Art of Doing Nothing*）中，談論了許多小睡片刻的益處：

> 有關睡眠的研究顯示，在平靜的小睡之下，正發生著複雜的生理過程……在睡眠之中，腦波的複雜程序會將我們鈍化的身體轉變成一座嗡嗡作響的發電廠，用以產生智慧、警戒與洞察力……沉入瞌睡狀態，不只是恢復有效運轉能力而已，實際上還能產生我們稱之為「覺醒」的清澈與透明的心理狀態。

是的，這裡的「覺醒」——意識的一種擴大狀態——即是我們從本書第一頁就開始談論的清理混亂的奇妙副產品。

下一次當你想著是否要來打一下盹，請同時考量，你透過小憩一番也會傳送出給自己創造空間的有力訊息——它是一段停工時間、慢活時間與靈魂時間。

你覺得如何？何不今天就找出一點時間閉上雙眼休息一下？從你坐著的地方站起來；關上辦公室的門；去找一張公園長椅、隨便在哪兒縮起身子，好好放鬆一下。當你找到休息的地方，在那裡四處動動你的身子，直到感覺可以完美地打上一個大呵欠，就可以去夢周公了。

或者，你就是坐在原本的地方，閉上眼睛，以底下所提供的簡單冥想法讓自己身心沉浸。

清理練習

這個練習要介紹「軟化態度法」系列中的第四組、也是最後一組的句子。任何時候只要你感到有壓力、被壓垮或精疲力盡，就可以來做練習。使用這組句子來協助培養自我疼惜與具有同情的意識。

無論何時你想到這組句子，可以不必閉上眼睛，直接複誦它，或是閉上眼睛，進行五至二十分鐘的冥想練習。

我在平靜中休息
我在覺醒的意識中休息
我休息

簡單冥想法之四：休息

1. 一開始先找一個舒服的地方坐下來，確定要「四處動動身體」，直到你感覺無比舒服為止。
2. 閉上雙眼，輕鬆地、長長地吸氣進來，然後再把氣慢慢地全呼出去。
3. 把這一組的第一個句子「我在平靜中休息」**嵌進自己的覺醒意識**之中，然後開放自己的心隨它去。
4. 如果你想要的話，可以複誦這個句子。或者移到下一個句子「我在覺醒的意識中休息」，留意它帶給你的感覺。
5. 當你感覺完成的時候，移到第三個句子「我休息」。
6. **允許自己的念頭與情緒自然發生**，不要以任何方式修補或操弄它。並且留意你的呼吸。
7. 當你感覺完成時，輕輕動動你的手指與腳趾來作為結束的動作。張開雙眼，並花一點時間反省自己的體驗。

清理日記

花一點時間思考你在操作第四個簡單冥想法的體驗，並反省在培養與體驗平靜及深層休憩上的感受如何。

◎在進行冥想之前，我感覺＿＿＿＿（而做完後，我感覺＿＿＿＿）

◎當我複誦這些句子，我感到＿＿＿＿

◎當我讓自己沉入深層的平靜狀態中，我感到＿＿＿＿

◎阻撓我體驗深層休息的事物是＿＿＿＿（請留意想去指責別人或外在某件事情的衝動；可以把這樣的訊號當作是一個機會，讓你去探索，你到底做了什麼阻礙自己的體驗。）

◎對我來說，變得更為平靜、心胸更開闊，並不成問題，因為＿＿＿＿

38 滋養的真諦

無論何時當你真正感到開心，你就受到了滋養。

——勞夫・沃爾多・愛默生

喝水即是清理

每次只要問起「你的感覺如何」、「你的呼吸是表淺或放鬆」，我必定聽起來像個壞掉的錄音帶——當身體在譯解與處理來自外在環境的壓力訊息，這是我所知道的兩個極佳問題，可以用來逐漸認識身體，並給予它支持。

我應該再加上一個也是會反覆轟炸你的問題：你口渴嗎？會這麼問的理由是，涉及有形、心理、情感等三種混亂的清理活動，會造成身體大量脫水。

當我們在進行處理與擺脫執念的過程中，存有很多因素在幕後交織運作。以我的清理經驗來說，在移動阻滯的能量時，所出現的一個（非常好的）徵兆，就是口渴。飲用純淨的好水，就像在你的身體按下補給按鈕；它是緩解進行清理所產生的副作用的好方法。

我並非科學家，但以下是我對水本身，以及缺乏水分的了解：

◎大多數人都會脫水，但我們甚至對此一無所知。
◎我們身體的主要組成成分就是水；我們愈瘦，身體所含的水分就愈多。
◎我們每天需要喝上你的「體重數字除以二」盎司重的水，以保持足夠的含水量。比如，如果你的體重是一百五十磅，那麼你一天需要喝大約九杯水（或七十二盎司重的水）。為了獲得治療上的益處，則要把比率再增加百分之二十至四十。
◎早上起床後的第一件事要大口喝上兩杯水，以沖掉我們體內的毒素。人家告訴我說，要咕嚕咕嚕地喝，而不是小口啜飲，才能獲得最大效益。

◎並非所有的水生產出來都是一樣的。有些昂貴的瓶裝水酸性過高（而非pH值呈鹼性），喝這種水如同吃某些食物一般，會在人體內產生自由基。

◎自由基是缺少了一個電子的分子。自由基就像是癮頭上來的毒蟲「小精靈」（Pac Man），在人體內漫遊，尋找鍵結的機會，盡情飽餐我們健康的組織與器官。

◎我們不會死去，我們只是受到氧化。比較直白的說法是，我們會生鏽。如果你在想像變老看起來（或感覺）會是什麼樣子，想一想關節痛與皺紋就可了然於心。我們所從事的一切，包括運動與已經用了很久的呼吸，都是自然的氧化過程。

◎飲用品質良好的鹼性水可以「去氧化」、逆轉老化過程、潤滑關節與活化精力。

◎增加對好水的攝取，可以讓你的臉部與生命重新容光煥發。當我們可以找到好水來飲用，誰還需要那些昂貴的面霜與藥品來對抗壓力！

吃真正的食物即是清理

你需要從長計議的，並非僅有水而已。為了支持與推動每日的清理實踐，你還需要把你的食物升級成「真正」的食物。

暢銷書《雜食者的兩難》（*Omnivore's Dilemma*）的作者麥可．波倫（Michael

Pollan），以他（如今已廣為人知）的說法，把這個道理講得很透徹：「攝取食物，分量不要太多，並以蔬果植物為主」。這意謂著，我們要吃你可以下廚烹煮與說得出名字的食物：全穀類、水果、蔬菜、魚與肉。

波倫以（同樣也很出名的）飲食七原則進行闡釋，我加以改述如下：

◎不吃任何老一輩人認為不是食物的東西。

◎不吃任何含有超過五種成分，或有你說不出名稱的成分的食物。

◎遠離超市區域；只在找得到真正食物的商店周邊購物（真正的食物會放在靠近貨品儲藏貨架的地方，以便在變質時更換）。

◎不吃最後不會腐爛的任何食物。像「Twinkies」奶油夾心小蛋糕這種永遠不會變質的東西，就不是食物。唯一例外的是蜂蜜，這種不會壞的食品有益你的健康。

◎不在加油的地方買食物。在美國，有百分之二十的食物是在車子裡被吃下。

◎養成離開餐桌時還有點餓的習慣，或是如同德國諺語所說的：「在袋子裝滿之前就綁起來」。

◎和你所愛的人一起享用餐點。

在食品選擇上，你該以哪些真正的食物來取代虛假食物？這將是個很好的反省出發點。

清理練習

滋養身體

這是個好機會，可以去注意當你改變飲水與食物的數量與品質時，你（在身體上與能量上）會產生怎樣的感覺。（請注意，如果你在水分攝取與新食物選擇上，依然改變不大的話，將比較不可能有大突破。）

◎**水**：從比你平常的習慣，一天多喝八盎司的水開始做起，然後以這個分量，每天（或每週）持續增加，直到你達到最低的水分建議攝取量（亦即，喝上你的「體重數字除以二」盎司重的水）。使用透明水瓶裝水，比較容易測量實際飲用的水量，這有助於確保你達成目標。如果有志於改變你的生活，請考慮增加水分攝取量百分之二十至四十左右。

◎**食物**：請從以下的感覺實驗做起，去吃一個讓你暈陶陶與滋養的（天然）食品，藉以比較吃下一個毫無營養或滋味的食品的感覺。在這兩種食品入口之前，都先摸摸它、聞聞它，然後好好咀嚼。留意這兩樣食品分別嚐起來的感覺。比較這兩種食品在你進食之前、進食期間、進食幾小時之後，對身體所產生的能量層次上的影響。根據你的發現來思考改善飲食的方法；改變的速度不用太快，每次選擇一個能夠滋養你的食物，來取代只會帶來反效果的食物。

在你的日記中，記載下你（在身體上、心理上、情感上）所接收到的印象。

清理日記

請利用這個空間來探索，滋養與支持你的身體將帶來怎樣的感受。

◎增加水分攝取後，除了上廁所的次數增多之外，我還注意到______

◎比較起會給我滋養的食物，與不會增加任何價值（不管在嗅覺上、感覺上與味道上）的食物，我注意到______

◎對我來說，逐漸改變飲食內容是容易的，因為______（請留意你的抗拒）

◎我會把住家與生活中的某些改變，看成是在我改變飲食內容後，所帶來的結果；這些改變是______

◎從今天開始，我願意投入在支持我的身體的方法，包括有______

39 無條件的支持

支持等同於解脫。

——蘇瓦烏帕瑜伽（Svaroopa）的信條

我做一種操練風格很溫和的瑜伽，稱為「蘇瓦烏帕」。使用各種支持物來達到身體撐持的特定角度的支持式瑜伽，是蘇瓦烏帕的特點。這些姿勢是特別設計來釋放「核心壓力」，以促進深層放鬆的狀態；所謂核心壓力是指，從尾骨周圍的緊繃肌肉所散發出的張力。經過幾年來試做過各種瑜伽之後——其中有一些，我還蠻喜歡的——我發現，這種風格的瑜伽，不僅有助於我快速感覺舒適愜意（也不會肌肉痠痛或受傷），而且給我一種直接可行的方式，去練習本書的核心主題：**放手**。

想想看，當你感覺受到無條件的支持，甚至僅維持一段短暫的時間，該是多美妙的事。你還能記得這種感受的細節嗎？那可能是你的伴侶端一杯咖啡到床上給你時，所感受到的驚喜，或是你的老闆讓你下半天放假去，又或者你的女兒來按摩你的肩膀。

雖然在發生的時候很美好，但想要獲得無條件的支持，卻需要有一個心境空闊的人來提供給你。而我每天做瑜伽最喜歡的一點是，它可以立刻給予我支持，而且只消花上少少的力氣，就可以獲得大大的回饋。

每天早上，在我展開一天的活動前，我會平躺在地板上，把幾條厚毯子捲起來放在膝蓋下面，好讓我的脊椎可以完全平貼地面。有時候，當我沒辦法把自己拖下床，也會塞個東西來支撐膝蓋，直接就在床上操練這個姿勢。這是個過渡到我一天的活動之前，很棒的轉換方法。

一旦身體處在這個打直的姿勢中，我身體的肌肉，從尾骨開始，就會鬆弛與放鬆開來。維持幾分鐘之後，我感覺自己整個變得開闊起來，如同我在做深層按摩後的感覺。如果我可以保持在這個狀態，這個簡單支持姿勢所產生的效果，幾乎就像是在人間遇見天堂。

在一天當中，我也會在（椅子上）操練其他蘇瓦烏帕的美妙姿勢，來釋放因整天坐在電腦前，所累積的肩頸緊繃壓力。

你可以把這項支持原則應用到**生活的任何面向**，會因此在每一個層次上獲得奇蹟般的空闊境界。底下所列出的清理練習，是不花力氣獲得解脫與真正自在的一種方法。

支持等同於真正自在

為了清理混亂與給予你美好的備受支持的感受，我採用了這個我每天在家裡操練的簡單姿勢。這個姿勢在任何地方都能做，而且不需要任何練過瑜伽的經驗。其中的祕訣在於，身體的姿勢與動作擺定。經過正確的打直之後，你可以讓重力來助你一臂之力展開動作。這個練習很適合與本書所提到的四個簡單冥想法合用。

有一個（重要的）警告事項：我並非領有證照的瑜伽教師，而我所建議的這個不一樣的姿勢，用意並不在取代真正的瑜伽動作。因此，我高度建議你去在地的蘇瓦烏帕瑜伽教室上上課。沒有什麼比得上，它對於一個規律的清理實務所起的支持作用；這讓人感覺很好，而且可以持續一輩子。

清理練習

請依照底下所列出的步驟，操作這個「地板姿勢」。

地板姿勢

這個姿勢可以快速舒緩你所累積的壓力、解除緊繃感，與／或用來展開你的一天。它並不能取代我所認為的「鑽石級的支持姿勢」；在真正的蘇瓦烏帕瑜伽風格裡，要使用好幾條捲起來的毯子與支撐物來做這個動作。在沒有教室與支撐物之下，我發現我所建議的這個姿勢，是很合適的選擇項目。「地板姿勢」，如同名稱本身所指出的，它需要一塊地板（我也建議使用一片蓆子或地毯）。你還需要椅子、沙發或床，來完成這個經過變化調整後的動作。

練習作法如下：

1. **開始**：在靠近椅子、沙發或床的地板上躺下來。
2. **做出姿勢**：彎曲兩個膝蓋，把你的小腿成直角地放在椅子、沙發或床的上面，確定你的脊椎從尾骨到頭部完全平貼在地板上。
3. **調整**：如果椅子、沙發或床太高，無法使脊椎平貼地面，可以拿來一、兩件折疊起來的毯子墊在身體下面。如果椅面等的高度太低，就可以抬起腿，改把折疊的毯子放在小腿下面。
4. **微調**：輕微地把下巴收進來，以延伸脊椎。可以在頭部下面墊一個小枕頭，如果需要它來協助你完成這個動作的話。

5. **放鬆**：一旦姿勢定位完成，就完全地放鬆（也就是「放手」隨它去）。
6. **結束**（重要步驟）：要離開這個姿勢，你可以把身體翻到一側，然後慢慢地依靠兩隻手臂把自己撐起來。
7. **統合**：藉由靜靜坐著（或躺著），並且持續幾個吸吐的時間，好讓身體可以統合這個姿勢所帶來的效果。

清理日記

花一點時間來反省，你可以在生活中接收到支持的方式，以及如何做到這一點的因由。

◎對我來說，可以在生活中受到深深的支持，並不成問題，因為＿＿＿＿＿＿

◎我是值得在生活中受到支持的，原因是＿＿＿＿＿＿

◎在練習「地板姿勢」之後，我感覺到＿＿＿＿＿＿

◎在生活中，我可以支持自己放手與迎接真正自在的其他方法是＿＿＿＿＿＿

40 煥然一新

讓往事順水漂走。

——日本諺語

大多數我所認識的人，似乎都喜歡早上淋浴來振奮精神。我則比較偏愛在晚上睡覺前洗澡。即使我累得跟狗一樣，眼睛幾乎都要睜不開，還是會抓起牙刷與一截牙線來清牙齒，並且還要沖個澡。一想到一整天下來全身髒兮兮，卻要爬上乾淨的床鋪，就讓我感覺厭惡。而且，晚上淋浴也有助於我睡得更香甜。

睡前才洗澡，可以幫我清理掉白日的種種煩憂。它可以解開某些積累的「牽絆」，協助我收羅起散落各處的我的碎片。如果時間上有餘裕，而且需要一些額外的幫助來放鬆，或者整個人感到寒冷，我就會泡個熱水浴，在洗澡水內加入海鹽與烘焙用蘇打粉，然後整個人浸進去泡上一陣子。

在水中混合海鹽與蘇打粉——除了可以泡進去外，也可以在淋浴時當作擦澡用——在緩和清理工作所帶來的能量副作用上，有額外助益。它具有恢復精神、去氧化與統合身心的神奇功效。任何時候只要你感到心情鬱悶、精疲力盡，或腦筋打結不通，都可以使用它來幫助你恢復平衡。

海鹽與蘇打粉的泡澡或淋浴

這個簡單的洗澡配方，是我的友人——舊金山灣區的教師與治療師蝶絲妲·祖克曼，從艾德加·凱西（Edgar Cayce）所擁有的古老療方中採借過來的。她建議使用純淨的粗海鹽（而不是鎂鹽[Epsom salt]）。

◎使用同等分量的粗海鹽（或猶太鹽[Kosher salt]）與鐵鎚牌（Arm and Hammer）的烘焙用蘇打粉（或其他類似品牌也可以）。

◎淋浴時（在你頭髮、身體都沖洗乾淨後），在手掌上把這兩種成分揉成糊狀物，然後用來擦拭全身，包括頭髮在內，然後再沖掉。

◎泡熱水澡時，只需要把兩種成分灑入浴缸中，然後泡進去即可。

◎海鹽與蘇打粉，不管是各一杯或各一茶匙都可以，只要分量相同即可。

我都在住家附近的有機食品商店買大包裝的粗海鹽，而烘焙用的蘇打粉在好市多量販店有賣十磅重的包裝，這讓我可以用上好長一陣子。我會在瓶子裡一次裝上四杯混合物（兩種成分各兩杯），放在浴缸附近備用。由於鹽與蘇打粉一般都會吸收各種不良的能量，所以儲藏時要確定密封好袋子。

清理練習

煥然一新的沐浴

請依照上述的配方與指示，進行粗鹽與蘇打粉的淋浴或泡澡。即使你習慣早上洗澡，請至少嘗試一次，在做過一回合的混亂清理作業與／或經過長長的一天之後，於睡前做一次這種洗浴。

請特別留意你在能量層次上所收到的效應。

清理日記

請使用這個空間來反省，當你把添加鹽與蘇打粉當作沐浴常態來做以後，對你所造成的身體上與能量上的變化。

◎在做過一次鹽與蘇打粉的淋浴（或泡澡）之後，我注意到＿＿＿＿

◎有關晚上入睡前洗澡，我注意到＿＿＿＿

◎在支持與尊敬自己的放手任務上，我還可以使用的其他方法是＿＿＿＿

41 孤獨的時光

獨自一人待在房間中一陣子，
將證明比起你所能獲得的其他任何事情，都還要有價值。

——魯米

我喜歡獨自打發時間。我需要這種狀態，如同植物需要水與陽光。

去年夏天，我使用了一段單獨一人的時間，來整修兩間已經清空、非常需要重新粉刷的房間。其中一間房間比較小，之前用來儲藏我們所有成套的叢書（這個意思是說：有幾百本積著灰塵的厚書；其中有一些不見天日已經幾近二十年）。

所以我做了我最喜歡的事：把音樂放得很大聲，來進行重新裝潢的工作；對我而言，這意謂著思量每樣單品物件（「**我喜歡它嗎？**」、「**我還會再用得著嗎？**」），然後進行置放歸位……然後又改變心意……然後又重新置放（不斷重新擺放直到感覺對了為止）。我需要整整三天的時間來完成這項工作，並以尊重我的仔細考量與系統性處理過程為主，而且還不忘出之以有趣的方式。

雖然我通常很喜歡二或三天沒有行程規畫、獨自一人的時光，甚至很渴望這樣的上天恩賜，但是，如果單獨的時間再拉長一點，卻並非總是萬靈藥。我注意到，過長的孤獨時光，通常會討人厭地帶來某些舊有的包袱，引發焦慮與寂寞的感受。當我一感到有這樣的徵兆出現，就會走出戶外、找朋友聚聚，或是打電話給誰聊一聊。

即便獨自一人打發時間的想法，對你太激進或會給你帶來焦慮，我還是希望本章可以激發你的靈感，嘗試利用一人時光去做些自己喜歡的事情——而且毫無遲疑或歉疚。

茱莉亞．卡麥隆（Julia Cameron）在她的著作《創作，是心靈療癒的旅程》（*The Artist's Way*）一書中，所提出的一個建議是，與自己單獨出門約會。是的，招待自己一頓午餐、聽一場音樂會、逛一趟博物館——任何讓你內心歡歌的事情都可以。在我閱讀她的書期間，為了做練習，我帶自己外出吃晚餐與上劇院一次。我注意到，除了真的出人意表地好玩之外，還馬上就可以獲得餐廳裡一個最好的位子。

清理練習

培養孤獨的時光

請同時取出你的月曆與行程表，安排自己下一週的某個時間帶自己出門約會。你可以提前規畫，或是隨意進行。出門去；或當其他家人都外出時，就待在家裡。

請牢記：「做你自己」，意謂著為你的自我著想。

清理日記

請利用這個機會來反省自己一個人打發時間的感覺如何，並思考如何培養出這樣的單人時光。

◎在我獨自一人做著自己喜歡的事情時，我感覺到＿＿＿＿

◎阻礙我取得所需要的單人時光的原因是＿＿＿＿

◎當我獨自一人時，我最喜歡流連的地方是＿＿＿＿

◎對我來說，獨自一人打發時間並不成問題，因為＿＿＿＿

◎下次當家人都外出，我願意去做＿＿＿＿，來尊重自己的需求

42 尋求協助

合作，而非競爭，可能是自然界最基本的運作原則。

——湯姆．沙迪亞克（Tom Shadyac）

去年夏天，我協助丈夫組裝給陽台用的阿迪朗達克（Adirondack）式的戶外躺椅，在拼接幾個大型元件之後，我的後腰就閃到了。

我只是粗心地舉起椅子的一個元件，就瞬間感到燒灼的刺痛，然後就沒戲唱了：我因此躺了好幾天不能動。事發後，我連舉起一支湯匙都沒辦法。

實際上我心知肚明事情是怎麼發生的。兩個超大紙箱像不受歡迎的竊占國土人士，杵在我們後院中已經好幾個星期——占用了好大一片（心理）空間。我最後一鼓作氣移走這兩個紙箱，並完成了預備工作：打開巨大的紙箱，拿掉防碰撞的發泡塑膠，取出（重達一公噸的）椅子元件，排好所需要的工具，騰出讓我們可以組裝的空間來。我做了當自己處在工作模式底下始終會做的一切：一頭栽進去、盡心盡力、一再驅策自己、努力實現目標，並完全忽視身體的極限（與思考替代方案），不顧任何警告你慢慢來的內心耳語，而且忘記尋求協助。

喔！是的，**尋求協助**。這四個字根本沒有時間說出口，而且一般上也會促使那個超級能幹的自我（我可以做得更好更快），像抽筋一樣，頻頻抗拒它——這是貨真價實的抗拒——然後就轉變成疼痛，在我的後腰發作起來。

我為何對於求助如此過敏呢？

原因很可能是因為，我從小被教導要獨立生活的緣故。許多如我一般、排行老大的孩子，都很擅長自己獨力處理事情。出生序對我的影響，有時還可以在我的表現中看到，比如我是作風強悍的朋友、「嚴厲對待自己的希爾達」，而且會傳送一些通常說來很刺耳的想法，比如：

◎**堅忍不拔**：無論如何，你必定要撐下去，因為大家都指望你（如果你不負起照料的責任，希望老天保佑這個世界不會因此停止正常運轉）。

◎**親力親為**：你必須自己親自去做；這個說法有許多變化版本，比如：你沒辦法信賴或仰仗任何人去做，而且還做得跟你一樣好；如果一直處於被照顧的狀態下，這表示你很弱；如果你一直保持警醒與憂慮的心情，將有助於其他人把工作做得更好（比如開飛機、開計程車等）。

◎**不讓人失望**：使別人期待落空與失望都是很糟的事。說謊絕對比講真話要好，即便說謊使你感覺不舒服。

◎**這樣不行啦**：讓事情虎頭蛇尾、沒有完成或一團亂，是絕對沒辦法接受的；什麼也不知道，或什麼也沒做，都是不對的事。

這個女戰士希爾達還真是討人厭得沒話說。

同情心的硬體線路

事實是，當你獨自到遙遠的地域旅行，或是在大草原被獅群盯上，自力更生著實是一個值得擁有的生活好技巧。但是，在這個充滿人的世界中——許多人不僅熱切地想伸出援手，甚至還以助人為己任——為何我們不去利用這個價值不菲的人力資源呢？

電影導演湯姆．沙迪亞克為了尋求解答這個基本問題——「我們的世界出了什麼問題？我們能怎麼致力去解決它？」——分享了他在拍攝那部挑釁的紀錄片《我思，故我行》（*I Am*）時的發現：

科學界發現的大量證據顯示，我們在硬體上的線路設計，正是為了聯繫與同情：比如迷走神經，在我們目睹到一個同情行為的同時，就會分泌催產素（oxytocin）；而鏡像神經元，可以使我們不折不扣地感受到他人的痛苦。被誤解為絕對相信我們的競爭性格的達爾文，實際上也指出，人類的真正力量來自於他們能夠一起攜手展現複雜的任務，亦即，他們擁有可以彼此同情與合作的能力。

我的希爾達可能還尚未跟上這個科學新知趨勢。我們目前正努力在解決這個問題中。

清理練習

向外尋求

找來一張紙，或在你的清理日記上，畫出三欄的空間。在每一欄的頂行，依次寫下「我的需求」、「聯絡對象」與「完成期限」。然後依照下述步驟來填寫：

1. **開始**：請想想一至五個難題，可以使用來自某些外部（或內部）的協助。

2. **腦力激盪**：在「我的需求」一欄裡，以一個句子或更少的字眼寫下你的難題。在「聯絡對象」一欄裡，絞盡腦汁思考誰可以來幫你，並寫下對方的電話號碼、電子郵件地址或網址，如果有幫助的話。在「完成期限」一欄裡，為你自己設下一個合理的時間期限。
3. **優先處理排序**：在你需要率先處理的那件事後面，寫下數字「1」；而數字「2」則是第二件要處理的事，依此類推下去。
4. **簡化**：讓這些解決問題的任務既簡單又可行。如果這個練習讓你覺得壓力過大，請採取「簡化與重複法」：縮減你的問題清單，然後重複操作它。
5. **感受**：留意在進行這個練習之前、練習期間與練習之後的感受。注意你的呼吸與你是否感到口渴。

你的清單列出來可能如下所示：

我的需求	聯絡對象	完成期限	
訂機票	航空公司	六月三十日	3
換機油	打電話到修車廠	今天	1
重新組織櫥櫃	系統櫥櫃業者	星期五	2

清理日記

在你列出了你的求助清單後，請反省底下的陳述句子。

◎我知道我需要＿＿＿＿的協助

◎對我來說，考慮請人協助，並不成問題，因為＿＿＿＿

◎當我在考慮尋求協助時（想找人來看看家裡、想找人來推拿身體、想跟室友談一談等），我感受到某些情感天氣襲來，包括有＿＿＿＿

◎對我來說，走出心理舒適區向外求助，並不成問題，因為＿＿＿＿

◎我現在需要找人幫我，原因是＿＿＿＿

43 放開懷

自從快樂聽聞你的名字，它就穿越大街小巷要找到你。

——哈菲茲（Hafiz）

有時候，生命會帶給我們一場既悽慘無比又極為可笑的完美災難風暴。彷彿老天對我們開了個玩笑，好讓我們可以不要那麼看重自己的一切。

從比較大的格局來看，在我所發生的（許多）失誤喜劇中，這一件事完全不是悲劇。經過四處旅行，並送我們女兒到她新學校的學生宿舍，結束行程緊湊的一週之後，我丈夫與我住進一家還不錯的「住宿加早餐」旅店，主要是為了恢復精神。我們正計畫前往科羅拉多州（Colorado）的落磯山脈地區，度過放鬆與休息的一週。

在這個引頸期待的假期的第一天，我珍愛的數位相機（裡面存有直到當時的所有旅行照片）居然不翼而飛。它就在這混亂的一週中消失無蹤。

到處尋找之後，我忽然想到，我可能之前把相機擱在車頂上面了。

隔天當我徒步沿著開過的路面進行搜尋時，我看起來八成像個瘋婆子，不停在車輛川流不息的街道上搜索人行道與水溝——不時快步跑來跑去，以免被車撞到……而且眼看即將降下一場大雨。

然後事情就發生了——真是屋漏偏逢連夜雨：我先是扭到腳踝，然後如同雨季到來規模一般的豪雨，緊接著傾盆而下。

整個人被雨水浸濕，我跛著腳走回車子去，而等著我的丈夫因為寒冷而渾身不舒服。他見到我迫不急待開口就說：「我真開心我們有山景可看，因為，真的近到好像我們可以爬上去一樣。」

我們兩人只是對著這個荒謬的處境相視大笑……然後把這一切拋在腦後。

就在相機慘事不久之後，碰巧看到我妹妹在臉書貼上一則訊息。那是另一個來自老天的玩笑話：「悲劇加時間等於喜劇」。

放聲開懷大笑

自我疼惜的作法，除了必須設下凡事適可而止的界線外，還包括要注入健康的幽默感。如果你並沒有每天開心大笑，現在正是開始的好時機。笑聲會使大腦產生有力的化學分子，可以快速減少緊張與壓力，並使血壓降低。當你的態度輕盈放鬆，將會打開通向改變的新通道與新可能性。它會立即提高你的住家與生活的能量，讓你感覺更為活力充沛。你愈感到開心，你將放射出更為輕盈的光芒，並吸引比較活潑輕快的人到你身邊。喜悅與笑聲是我能想到的最佳美容護理妙方。

幾年前，我為自己舉辦了一個生日派對，只邀請個性活潑有趣且喜歡墨西哥菜（我的最愛）的朋友。我請我的友人不要帶禮物來，改以他們的幽默作為贈送給我的賀禮：請他們做一件會讓我發笑的事情。

我們的隔壁鄰居出借他的地下室小型劇場（是的，信不信由你，這個小劇場配備有一個小舞台與最先進的燈光與音響系統），好讓朋友們可以使盡渾身解數、盡情演出。我最有喜感的一名友人自告奮勇要當晚會的主持人；比起脫口秀主持人大衛・萊特曼（David Letterman）與傑・雷諾（Jay Leno），他可說有過之而無不及。人人都能應付這個場面，而且一個接一個，都有超乎水準的演出。晚會成果可說賓主盡歡、無拘無束、自然流露、歇斯底里、充滿神奇！我笑得好用力，以至於胃部肌肉之後還痛上好幾天。當我重看當天派對的錄影帶，還能夠重溫當時的那種能量與喜悅。它已經成為我這輩子最難忘的經驗之一。

如果你想要幫助自己可以感覺輕盈一點，那麼就開始去笑。當小女兒第二次吐在你們身上，就跟著你的另一半一起大笑。當你的車子第五次故障，就哈哈大笑。當老天似乎一再給你不對的人，就滄海一聲笑。

如果你沒辦法笑，嘗試發出這種「哈哈哈」的假笑聲幾遍，看看結果會怎樣。如同我們在第二篇中所學到的，對於潛意識心靈來說，「想像的行動」與真實的事件之間，兩者並無差別。

清理練習

輕鬆放開懷

做一件讓你出聲大笑、呵呵笑、笑到衣服接縫綻開……總之讓你可以笑的事情。如果你需要一點協助的話，可以試看看以下的建議：

◎選擇花更多時間與在你的生活中，經常逗你大笑的人相處。並與那些掃興的人保持距離。

◎看重播的好笑電視節目，比如《我愛露西》（*I Love Lucy*）或《六人行》（*Friends*）。可以錄下來，讓你之後觀賞，或當你需要振奮一下時重看。

◎可以使用Google搜尋「You Tube＋好笑影片」。

◎可以看看這部小影片，主題是：艾倫．狄珍妮（Ellen DeGeneres）跟一名來自德州奧斯汀（Austin），名叫格萊迪絲．哈蒂（Gladys Hardy）的九十歲阿嬤講電話。「艾倫跟格萊迪絲．哈蒂聊天＋我愛耶穌但我也小酌半杯」（Ellen talks to Gladys Hardy + I love Jesus but I drink a little），可能是我在You Tube上看過最好笑的六分鐘影片之一。

清理日記

用這個空間來回想與接通，那種完全表露出來的喜悅情緒。

◎在我的生活中，可以讓我笑得最開懷的一些方法，包括有＿＿＿＿＿

◎在我的生活中，最能讓我（出聲）大笑的人是＿＿＿＿＿

◎永遠充滿喜悅的這個想法，讓我覺得＿＿＿＿＿

◎為了提振精神，我現在（或今天）可以做的一件事是＿＿＿＿＿

44 寬恕的修行

被踩爛的紫羅蘭花兒，黏在腳跟上，卻散發出寬恕的幽香。

——馬克・吐溫（Mark Twain）

我們如何能坦然接受摯愛之人的逝去？對於早夭的孩子，或是父母、兄弟、朋友或寵物的猝然離世，我們如何能給予合理的解釋？我們要怎麼去理解九一一事件的瘋狂、無辜動物的屠殺、一整個少數民族的滅絕，以及來自自然災害與人類錯誤所引起的莫名恐怖？

我們如何能原諒上帝、老天或任何你想要責備的對象，讓你與一個難以忍受的人結為夫妻、讓你失去父親或母親、讓你碰到可憎的老闆、無能的醫生、不友善的鄰居？

著眼於人性的角度，答案是：並不容易。

想要擁有一顆巨大的心，可以來包容如此無法忍受的傷痛，是屬於進階級的修行。

清理即寬恕

我想以寬恕來結束本篇有關同情主題的討論，因為，總而言之，同情即是寬恕。想要達到真正清明的境界，並體現出我們最好的質地，我們就必須放手。為了放手，然後往前走去，我們則必須寬恕。

你可能會問：我們要如何致力於進階級的修行？

某方面來說，本書每一章都給予你的心良好的鍛鍊。一次又一次慢慢進行清理修練，這即是實踐寬恕的精神。懷抱同情的自我疼惜作法、你的客觀抽離能力，以及擁有能夠包容傷痛、波折與心酸的廣大胸懷，這在在都是寬恕的實踐。如同暢銷作家黛比・福特（Debbie Ford）在她的影片《陰影效應》（*The Shadow Effect*）中所指出的：「直到寬恕在你的心裡萌芽，才會在你的腦中生根。」

人類通常會犯錯的地方是以為，寬恕意謂著讓某個人或某個可怕的事件不用負責。瑪麗安娜・威廉森（Marianne Williamson）則指出，事實並非如此：

> 老天會處理那個人的因果報應問題。你用不著擔心，如果你「原諒」他，他將會跑到天涯海角過著他該得的好日子……事情與他過得好不好無關，寬恕是為了讓你得到解脫。

把這一切交給上帝或轉給一個至高的力量去處理。你不需要再背負傷痛——不管是為了你自己或是這個世界。就讓神聖的智慧來為你料理這一切。

清理你所能處理的事情，並注入大量的自我疼惜到你身上，就是你在擴展心靈空間上所需要的方法。你絕對無法了解它將會引領你獲得怎樣的新發現，那是即便你挖空心思也想像不出的新境界。

所以，你想讓自己免於怎樣的輕蔑、傷痛或侮辱的侵擾呢？你今天想要為了誰或什麼事情，留出一點餘地？你想要原諒誰？

請想像這一切都已經被妥當處理好了。

清理練習

寬恕

請使用底下的提示來引導自己，利用這個機會來練習寬恕某人（或某件事），以及你自己。

1. 某人或某件事：請放開你對於正義需求的執念，讓一切隨風而逝。
2. 你自己：請放開你對於事情依照自己計畫的方式進行的渴求與執念。

持續每天練習，並留意自己內心的轉變。

清理日記

請花上你所需要的時間，來反省寬恕與完全拋開執念兩者的意義。請利用底下的提示或自行尋找可用的方法，只要有助於你深入探究與講出真話的技巧都可以。

◎我現在準備要原諒的人（或事情）是＿＿＿＿

（而阻礙我這麼做的原因是＿＿＿＿）

◎當我考慮要打開我的心，並讓丟臉的情境（或某個潛意識行動、討厭的人、我自己）不再使我耿耿於懷，我感覺到＿＿＿＿

◎當我考慮將自己的痛苦交給某個至高的力量時，我感覺到＿＿＿＿

◎從我開始進行這場清理之旅後，我留意到的某些轉變（或改變、夢境）是＿＿＿＿

同情

◎心境空闊自然流露喜悅之情。它是最佳的美容護理妙方。

◎擁有空闊的能量，是我們與生俱來的權利；這種能量自由自在、可隨身攜帶，並且充滿吸力的磁性。

◎懷抱同情的清理，是為我們自己保留一個空間。

◎自我疼惜，是清理作業中讓你緩解副作用的特效藥。

◎良好的睡眠與規律的小睡片刻，可以修復身體、恢復精神、擴大意識狀態與餵養靈魂。

◎飲水——喝上你的「體重數字除以二」盎司重的水——能促進健康與平衡。

◎食用能夠下廚烹煮與說得出名字的好食物，同樣也具有滋養與清理的功效。

◎當我們感覺在身體與情感上受到支持時，就很容易看開與放手。

◎使用海鹽、烘焙用蘇打粉與水的混合物來擦澡或泡澡，有助於快速減低壓力，以及統合在混亂清理作業時，能量層次上所產生的副作用。

◎人類在硬體上就設定了具有合作與同情的功能。

◎發笑確定可以提高我們的住家與生活中的能量；笑聲能降低緊張與壓力。

◎放手的核心即是寬恕。

◎寬恕即是清理。

PART

VI

智慧：展現你的真實自我

給予自己自由與彈性來清理我的內在與外在空間，
並且是以一種適合我的速度來進行，
不管花一分鐘或一小時都無妨。
我目前正致力於一項有關表演詩歌的計畫，
而我今年就要滿六十九歲了。
我內心中的藝術家，從長久深沉的睡眠中醒轉過來，
想要展現自己並歡慶自己的誕生！
鳳凰終於從過往的殘骸灰燼中飛起。

——一名「快樂清理人」的來信

45 有智慧的清理

當你感覺長出翅翼的一刻來臨，就展翅高飛。

——魯米

你是否曾經有過一段時間不把一切事情放在心上，甚至還輕鬆以對呢？是的，僅僅觀察自己的思緒流轉，而不對任何想法做出孰輕孰重的分野？

幾年前，我的丈夫與我犒賞我們自己享受了一次這樣的體驗。我們休了兩週的假，去希臘一座景色壯麗的島上參加冥想靜修會。對於像我丈夫這樣的冥想修行者來說，「犒賞」是很恰當的描述。不過相對而言，那時候的我對這種長時段的「意識修行馬拉松」，還算個新手；我的經驗準確來說比較像是「始終伴隨著一顆閉不了嘴的心」，或看你哪一天問我，我可能會回答說：「真受罪」。

我們所進行的方式，並非那種典型的苦行修道，持續盤腿坐上好幾個鐘頭。這個豪華版的靜修會，地點在一個美麗的度假勝地，有一片無盡綿延的愛琴海海景。每天都是一場盛宴：華氏七十二度的氣溫下，品嚐美味的素食晚餐；參與的學員都愛好玩樂，老師個個啟迪人心，而有關人類意識的課程則有滋養靈魂的功效。整整兩週，我們被允許（實際上是規定）完全什麼事也不做……而且也不必嚴肅看待什麼事情。

你可能會說，真是置身天堂——如果我沒有充斥著過度天馬行空的念頭，而且感覺都要從腦子裡噴出來的話，我也會這麼以為；混合著自視過高、可憐的我與永不停止的假設性問題三者，使得念頭無止盡地進行編織與改造，這一切最終使我精疲力盡、滿心厭惡，甚至出現身體上的疼痛感。而我碰巧身在地球上最美麗的地方之一，這一點對我可說完全白白浪費。

所以，為何在天堂裡面做如此不愉快的事情呢？我們心自問了無數次，活像個住在療養中心的毒蟲，躁動不安，隨時準備好要立刻逃走。答案在第二週才姍姍出現。

想要解除心中那隻小猴子的武裝，並擺脫那些「非常重要」的念頭清單——比如：「我需要一杯咖啡……咖啡因不是好東西……我的背在痛……真討厭……這個還不錯……我有登記這個嗎!?……十三、四天前弄的……每個人都有，除了我沒有……我的背在痛……」——在在都需要時間。

並且需要給予自己大劑量的自我疼惜加上同情。

之後我發現，並非是這些念頭本身，而是不斷對這些念頭的咀嚼（認同、視如己出、回饋、執迷），才可能這麼讓人生厭。一停止反覆咀嚼，立刻就得到放鬆。就如同當你最後終於想起，要吐掉已經沒有味道的口香糖時，嘴巴裡所泛起的放鬆感一樣。

雖然你的心對此（永遠）毫無概念，而且還運用鬼鬼祟祟的策略，擺出驚人的陣勢，要吸引我們回到舊習慣的懷抱中，但是，那種不同於汲汲營營的生活方式，卻也真的頗討人喜歡。當我們選擇放輕鬆，什麼事也不看重，或是臣服在我們內心中那個「知道一切」的靜謐空間時，就會出現這樣的奇蹟。

在我進行有意識的「無為」的第二週末尾，有某個東西穿透了我心裡的噪音與混亂而浮現出來。並非什麼奇特珍貴或震撼人心的事物，也沒有煙火慶祝或大發現的興奮。

在思緒焦點中成形的事物，就是「**我**」而已。如同那些3D立體圖片，你必須調整凝視的焦距，圖像才會聚焦成形一般，我看見自始至終一直處在那兒的「我自己」。這個我徘徊在無時間性的空間之中，在那兒，一切事物感覺都既單純又清明。

活在當下。正是這個狀態，我現在會稱之為天堂！

我於是信步穿越通往無限智慧的門扉。

新的你破繭而出

使這趟旅程如此好玩有趣的是，來自採行規律的每日清理作業，所帶來的不可思議的「發現」。如同佛陀所言：「你如今的模樣是你向來的樣子，而你未來的模樣則是你現在所做的一切。」

我們無法預料，當你從先前的自我中破繭而出，將會產生怎樣的新我。當你在清理之路上持續前行，你將會發現自己的新模樣。當真正且更巨大的你從壓力與雜物的遮蔽下脫身而出，很可能將發現自己的感受與行事風格，完全與從前不同。當你擴張到屬於你的空闊自然狀態中——從一次一小步清理思緒、抽屜或沉思片刻慢慢做起——將會神奇地讓你感覺到更游刃有餘、更浸淫其中，彷彿生命活出了你，而非你活出生命。

或許你將以嶄新的眼光與領悟來體驗日常的一切，如同一名學員所分享的心得：

我今天獲得了真正的領悟。我了解到，我在收拾東西時，根本心不在焉。我在心理上與這個浪費時間的討厭事情可說毫不相關，我完全處在分心狀態；

事實上，我是可以利用這段時間去做其他更有趣的事情的。但是，出乎意料之外的是，當我集中注意力把東西小心地物歸原位後，居然可以從中獲得樂趣。把意識集中到我所從事的事情之上，是的，即便是清理東西——真的無聊得要命——也能給我樂趣。這是多麼神奇的事啊！

你可能會注意到，你不再像從前那樣為未來或別人的看法窮緊張，你也比較不那麼經常被生活中的其他人與事件所激怒。你可能會注意到，當你的執念開始失去力度，你的有形混亂也比較不會成為一項要處理的難題，而且只要藉由不花力氣的清理過程，雜物就簡單地少了許多。

你可能體驗到，你的身體——如同我處在心理的「寬闊區」時，經常會有的體會——在一整天中優雅地滑來滑去，沒有摩擦力或任何阻抗，就像你坐在搖椅中所獲得的感覺。你可能體驗到生理上的改變，比如肢體動作更輕鬆自在、過重的體態消瘦下來、視力更清晰、皮膚更柔軟……是的，甚至連你的鼻竇也更潔淨！

你可能會觀察到，在兩個念頭之間的寧靜時間拉長了一些，開始出現重大的靈感，或是讓你萬分驚訝的深沉內在理解。你可能注意到，世界似乎更輝耀、更有生氣，而且在你此前從未注意過的微小細節上，顯露出奇妙的神祕。樹木閃爍亮光、人們掛著笑臉、奇蹟俯拾即是。你知道為什麼嗎？這是世界在反照你的影像給你看！請享受這一切吧！這還只是開端而已。

在最後這一篇中，我將獻上最好的練習、我偏愛的技巧，以及你在清理之旅中，想要建立永續可行的「生活方式」上，絕對派得上用場的祕密。未來，這些資源將給予你方法去嘗試、整合與深化你對本書內容的經驗。

46 發生轉變

改變總是慢慢醞釀，然後突然間一發不可收拾。

——傑・沃格特（Jay W. Vogt）

成長之痛

清理之旅有時可能顯得奇怪與難以理解。你可能一整天哼哼唱唱，心境感覺無比海闊天空，但突然之間，卻發現自己被一股你從未見識過的情感風暴或身體不適所扳倒。

比如，在我早年清理一只抽屜或一個書架時，我會注意到我的身體感覺格外疲累、黏滯、遲鈍與淤塞（彷彿我正走入一間充滿菸味的房間）。我的腳經常會痠痛，我的呼吸會愈來愈淺，而且會變得非常口渴。在某些日子裡，甚至醒來時就感覺彷彿遭到大槌子敲過，沒辦法移動脖子，向左向右都不行。這到底是什麼情形?!昨天我不是還感覺容光煥發嗎？

雖然每個人對清理的反應皆不同，但有時清理反而使人感覺比未清理前更糟糕或「比較不清明」——這並非少見之事。在你反覆抱怨「這根本行不通！」之前，你可能需要思考一下我對我的客戶與學員所說的話：**對壓力模式進行清理，會揭開此前甚至無法感覺到的深層難題的出現**。

你會有糟糕、黏滯、淤塞或動彈不得等感受，這意謂著你感覺到了什麼東西！你感覺到在你的存在之中，有一片你過去從未允許自己一探究竟的區域。這是好事。這代表你正進入覺醒當中！

你是否曾久久握著拳頭，然後注意到，過了一陣子之後，就變得麻木起來，而且你接下來就不再感覺到它？當你後來開始放鬆拳頭，起初可能不大意識到，但之後整隻手卻變得很痛！清理有形混亂、心理混亂與情感混亂，就類似這樣的情形。你所經歷到的情感天氣變化，正是在緊抓不放一輩子之後，所感受到的覺醒的刺痛。如今的任務是，盡可能溫柔地對待自己。請記得，當你感受到「好／壞／或其他什麼情緒」——**切記不**

要認同它、占有它——這就是清理！

清理之旅的路標

儘管情況會有如此的可能性，但了解到有某些預期之外的阻礙埋伏在前頭，卻讓人難以釋懷。人類的自然行為反應，是對我們所投入的努力，尋求立即的滿足。在經歷幾個小時或整個週末掙扎著我們的東西是要收進箱子或丟進垃圾袋，或是在椅墊上長久打坐之後，我們的願望都是希望自己可以更輕盈自在。然而，因為大多數人所處理的都是已經存在一輩子的占有模式，想利用「軟化態度法」來產生想要的效果，並非一蹴可幾。一旦內心深層的執念浮現出來，如果沒有多加注意的話，可能引發更多的情感天氣擾動，把我們拋離在既定的道路之外。

當你使用本書的練習來進行清理，就開始調動起某些頗具威力的意圖與動機。不管你的清理努力與目標可能看起來多麼微不足道，重點是去牢記，帶有意識的清理，不管是處理一支小牙籤或貓兒吐出來的小毛團，都將為寬闊的心境創造出新契機。

以下將闡述的四個清理標記，有助於你去指認一些來自日常清理實踐過程中，可能自然發展出來的不同階段。這些階段標記可以讓我們認出，事實上，你可能正發生某種轉變，即便這些改變太過微妙而使人忽略，或產生的情況並非完全是你預期的結果。

以下就是你清理旅途中的路標；你可以試著把它想作是，你上路時所攜帶的小小「氣象顧問團」。

1. 情緒湧上——不阻撓它。
2. 出現轉變——擁抱它。
3. 結果有異——接納它。
4. 清明成形——信賴它。

以下分別予以闡明。

情緒湧上——不阻撓它

就定義而言，清理混亂將會釋放出已經阻滯一段很長時間、有時甚至是一輩子的能量。當能量大幅變動，你很可能會比平常感覺更疲倦，或更彆扭與煩躁，甚至整個人不舒服。你可能感覺更情緒化，或容易有恐慌、悲傷、氣憤、哀痛等情緒的發作。你可能注意到自己完全封閉起來；可能經歷思緒呆滯、記憶衰退或意識模糊；但也可能恰恰相反，感覺更有朝氣與活力、更精神振奮與意識清晰。

你可能比平日更常打呵欠，或淚眼汪汪、打嗝、放屁、感到反胃。你可能會有難以解釋的生理症狀，比如頭痛或背痛。你可能睡過多，或太過精力旺盛而睡不著。你可能想要離職；可能感覺自己更加失控，或拚命想逃開，而且更渴望吃東西、喝酒、看電視或做運動。你可能一下子感覺自己很了不起，但之後卻馬上崩潰——瞬間就豬羊變色！

身體在處理浮上表面的陳年情結，所呈現出的清理症狀會有無數種。這些症狀是來自我們的住家與生活的能量頻率提高後，所產生的「去氧化」訊號。這些症狀也是我們的自我，在處理放手議題與感受「那些紛亂情緒」的方式，亦是擴張的能量與緊縮的能量相互碰撞的結果——這就像是高氣壓系統遇上你遲鈍的占有模式低壓系統，所產生的衝突。暴風雨由此自然生成起來。在這種時候，請不要太嚴苛對待自己。

出現轉變——擁抱它

性靈大師拉姆．達斯（Ram Dass）講過一句我很喜歡的名言；他承認在我們緊抓不放的自我概念開始鬆動之際，我們會產生變化：「當你以為的你開始消失，就會有悲傷襲來」。如果你感覺到自己眼睜睜看著自己的身分認同逐漸瓦解，請寬心以待，並開放自己去感受這種失落。拋開你沉重的占有模式，感覺起來可能像是經歷死亡。請尊重這個階段，因為，這真的是你原先的自我的消亡，如此一來才能騰出空間給新事物。

改變也可能有其他形式。產婦分娩有一個階段稱為「過渡期」，母親從陣痛轉為推擠模式；一般上，這是整個生產過程最短暫與考驗最劇烈的時期，也是陣痛進入尾聲的訊號。

關於清理，也存在這樣的過渡期的時間點，引導我們進入內在意識的全新層次。我們絕對不能對過渡期的情況產生誤解。在這些時間點，清理混亂可能會產生某種療癒危機或信心危機。你可能失去你的工作、家庭或你已經維繫二十五年的伴侶。你可能感覺孤單無依、心靈空虛或與你的人生目標脫鉤。你可能發現自己無計可施，準備認輸，想對任何路過的人破口大罵。如同喬治．連納德所說的：「當關鍵的變化迫近之際，你對改變的抗拒很可能到達最高點。」請細心留意這個時間點。它或許是你即將發生某種可能非常巨大與正向變化的一條線索。

在清理之旅上，老天通常會給予我們所需要但並不總是想要的事物。如果有任何的大風暴企圖擊倒你，請不要喪氣，也不要放棄。請牢記，這是這一個未知階段的特性。請給予自己大量的支持性自我疼惜，並全心相信你會安度這一切。正是在這個階段，你的占有模式將失去掌握你的力道；你即將瞥見，始終伴隨在你的存在之中，一個完全不同的面向。無論這感覺起來有多糟，我在這裡要鄭重告訴你：這是個非常好的徵兆，恭喜你！

結果有異——接納它

你可能也會吸引來，我喜歡稱之為「來自老天的免費贈品」的東西。這些「贈品」是那種在最不恰當的時刻中，我們所收到的天賜的麻煩事。它通常都是不請自來，用來提醒我們要小心注意。它給予我們機會去改變我們的知覺方式，與重構我們的思緒。

塞車導致誤點、班機取消，或電腦當機，這些上天的贈品是所謂的療癒危機中，一個遠遠更為微妙的版本。它提供我們線索去發現，我們正在進行的某件事行不通；它提醒我們回到原點重新開始。然而，這些贈品偶爾有那麼一次，也可能是某件大好事情出現的徵兆。沒有得到所謂「好」學校的入學許可、爭取不到你想要的房子或工作，有可能只是煙霧彈，預示著好事將近。

你可以祈求老天丟贈品給你時親切一點，使你可以理解其中的含意，且更容易整合進你的生活之中。我們可以以贈品為師，利用它來練習放手，會收穫更大。

清明成形——信賴它

當你清理生活中的混亂時，會愈來愈意識到，那些讓你感覺真實而正確的訊息。這種訊息的特色會很強烈，因為，事實上，它是很純粹、未受污染與未經篩選的訊息，逃開了你那理性導向、受自我驅動的心中小猴子的侵擾。你可能無法解釋此中緣由，但你心底某個部分卻「心知肚明」。不要對那種來自心境清明的悸動置之不理。不要否認受到啟迪的真實感受；它通常會悄悄從後門溜進來。它就像是你的收音機訊號，以遠遠更無雜訊的方式傳播而來。你將以全新的視角看待事情，而且世界看起來可能更有活力、更生動。

訊息將以直覺的方式顯示你要不要做某事，可能來自於夢境、機運、一通電話或某種有意義的巧合等徵兆。如果你細心注意，可能會觀察到，種種的湧動來自於你的靈魂、你的最高智慧——亦即你最空闊的真正自我——的騷動。請擁抱與享受這樣的時刻，這將只是開端而已。

清理練習

從心思索

這個練習是要你去思索問題（請注意，「思索問題」並非意謂要得到解答，而是要深入其中深深長考，要活出那個問題的狀態）。

◎我的靈魂在這裡要做什麼？

◎我新生了什麼事物？

◎為了我新生的事物，有什麼需要進行清理？
在你的日記上，更深入地探索這些問題。

清理日記

花幾分鐘的時間來反省某些你最深層的渴望，並思考自你展開清理以來，已經在生活中發生的某些轉變。

◎我相信，我來到世上是為了＿＿＿＿＿＿

◎我知道那是真的，因為＿＿＿＿＿＿

◎為了給即將出現的新我騰出空間來，我的作法是＿＿＿＿＿＿

◎我把生活中的某些起伏視為成長的苦痛，原因是＿＿＿＿＿＿

◎我可以看出某些轉變已經發生，因為＿＿＿＿＿＿

47 定計畫

你要如何度過這瘋狂又珍貴的一生，告訴我，你有何計畫？

——瑪莉．奧利佛（Mary Oliver）

如同我們已經學到與練習過的，本書所講述的清理的精髓，可以概要條述如下：

◎我們開放自己而不妄加論斷的能力
◎我們出之以回應而非對峙的能力
◎我們多體會而少作為的能力

透過本書所提示，有關清理的四項指導原則——「意向」、「行動」、「非認同」與「同情」——可以使這些能力的培養成為可能。

把這些指導原則視作你的清理團隊的共同成員，將帶給你最佳成果。沒有這些原則的協助，你將無法有效進行清理工作。想想看，沒有意向的行動，如同沒有船舵、沒有方向，亦沒有目標。同樣地，有意向而無行動，只會徒留未經開發的潛能。抽掉非認同的態度，你將只能面對擺盪不定的情感執念、萬端波折與一顆千斤重的心。而沒有同情，你將無法逃開心中「小自我」的詭計圈套，無法感到安全、受支持與浸淫生活之中的快樂，並且培養不出包容你的混亂的能力。值得強調的一點是，在我們的文化中，有關清理與組織事物最傳統的作法，就是把行動作為推動一切的力量，然而，行動不過是我們所提出的四個清理原則之一而已！

雖然本書已經分別介紹了這四個原則，而你也可能在清理實務中體驗到它們個別的巨大差異特性，但是，唯有直到這四個原則**統合為一個整體**來應用與實施，才能產生真正的神奇效果。正是這四條能量支流的匯聚，才能創造出促成改變的大力量。

為了建立出有效的清理實踐，我們需要擁有持續性。在本書中，所謂的持續性，即是**每日實作**。無論目標任務或所花的力氣有多小，採行每日實踐的作法，將軟化僵固的占有模式，並與時俱進地釋放累積起來的壓力與情感天氣擾動。

所以，我對於長效型清理計畫的實行指令是，每天分別從四項指導原則中，選出至少一個練習建議課程來操作。忽略任何一項原則，如同少了一條腿的桌子，清理計畫將失去強度與穩定度，並且降低投入的努力所能獲得的回報。

任何時候只要感覺清理工作的壓力過大，調整的祕訣就是藉由簡化與重複操作這四項元素，來縮減你的每日實踐量。使用溫和的「簡化與重複法」，意謂著你簡化一項清理工作，將工作範圍或所花的時間縮減至你覺得容易上手的程度，然後重複操作這個簡化的項目，直到工作完成或不再引發你的抗拒為止。

基本四原則

以下即是你前往清明生活國度的祕訣：

1. **意向**：至少每日一次演練「軟化態度法」（四組句子）與「感恩態度法」；可以閉上雙眼進行一至二十分鐘不等，或者只要想做，用不著閉上眼睛，任何時間進行也可以。以這樣的練習來重構信念模式、落實意向與平撫心靈。
2. **行動**：每天都進行清掃、搬動、收拾、兜攏、清潔、清理，或者處理一樣物件、一堆東西、一個區域、一個考驗耐性的小麻煩與／或一項難題。維持工作的簡單性，以避開懼怕反應。
3. **非認同**：留意你的種種「應該這樣、應該那樣」的指令。任何時候只要你想到，就以「這是……」的句子來替代以「我」開頭的句子，以此來觀察與容許情感天氣形態的生發。你可以再加上或選擇以下作法：悄聲複誦「這不是我的」、「別那樣想」或「不要掉進去」；只要你感覺自己被觸怒時，就可以這麼做。一整天當中，經常停下來感受一番，以抽離的態度來釋放壓力（請注意，如果你還是無法掌握「以客觀抽離的態度去感受」的概念，建議你重讀第七章中的「清理即感受」一節）。

4. **同情**：每天至少做一件可以激活你的感官、使你的心歡歌、真正有趣、感覺快樂的事情，以此來創造安全與喜悅的感受。每天練習「地板姿勢」。以笑聲來放鬆自己。

每週練習建議

以上所闡述的四項基本工具，對於製作符合你的需求，並且容易執行的每週清理計畫，可說提供了一個很好的基礎。附錄一的「清理計畫學習單」，可以用來釐清你的意向、寫下你的目標、追蹤你的進展與對自己負責。如果清理已經成為你既有的常態生活方式，就不再需要這個每週練習工具。

以下是使用這個學習單，來為你自己規畫不間斷的清理練習的方法：

1. **準備**：把附錄一所提供的對頁表單範本拿去影印。如果你想要持續進行不只一週的時間（我高度建議如此做），請影印六份對頁表單，這足夠你用上六週的時間。

2. **定計畫**：選擇每週的某一天（可以同一天的話最好）來填寫你的學習單。定出一個實際可行的計畫（也就是說，可以產生一點壓力，但又不能太超過）。

3. **查核**：每天在你完成目標任務後，在表單最後的紀錄表中，於該項目上打鉤。

4. **回顧**：到了週末，回顧你的進展；如果你選擇繼續做下去，可以針對新的一週，微調你的意向與目標。

5. **重新開始**：每一週藉由填寫一份新的學習單，給自己一個全新的開始，即使你並沒有完成前一週的所有工作。

6. **讚美自己**：無論你投入的努力感覺起來有多小，始終給予自己讚美。請牢記，批評自己缺乏進展，只會讓你的混亂雪上加霜！

7. **自由選項**：這份學習單也可以用在屬於你的「清理互助團體」（參見第四十九章），和其他人一起建立與討論目標。

記憶小幫手

這個「記憶小幫手」將有助於清理一條通往你的真正本質的道路。你可以將它貼在鏡子、儀表板、冰箱、電腦桌面等之上。把它當作親切的提醒，好讓你將四項基本原則統合進你的每日實作之中。尤其當上述的每週練習建議，對你還是要求過多，使你無法掌握，也無法讓你心中的小猴子閉嘴的話，這個小幫手就會特別有用。

◎**謝天**：表達感恩的心情。

◎**簡化與重複**：把事情簡化為一項工作（一個焦點區域或一段時間），然後重複操作至工作完成或時間終止。

◎**拔掉插頭**：把以「我」為開頭的句子，替代成「這是……」的句子，以此來進行抽離。

◎**鼓舞自己**：去做某些可以提振你的精神與感覺變好的事情。

清理練習

進行模擬計畫

請以「每週練習建議」為基礎，來定出這一週的清理計畫。你可以在日記上進行，或者影印附錄一的學習單來做。

清理日記

請利用寫日記的時間，來逐步認清你在為自己製作模擬計畫，與／或完成手邊工作時，所可能引發的任何抗拒。

◎在定計畫時，我發現最具撫慰效果的事情是______

◎在定計畫時，容易惹惱我的事情是______

◎對我來說，要依照目標進行到底，並不成問題，因為______（請注意，去指認並感受，你心中那個不以為然與認為此事並不容易的部分）

◎對我來說，當我感覺壓力過大，而縮減工作分量，並不成問題，因為______

◎自從我開始設定出實際可行的工作後，我已經完成的工作是______（請注意，去指認並感受，你心中那個認為成果還是不夠好的部分）

48 微調

你想要美的事物嗎？去看看窗口流瀉而入的日光，照亮了一杯咖啡裊裊上升迴旋的蒸氣。

——艾美・希爾蔓（Amy Hillman），引自推特上的文字

由於客廳中所有的百葉窗都需要換掉，於是我們先掛上半截窗簾暫時充數，但產生的效果卻令人有驚喜大發現。我所看到的，全然不是尋常的車子、房屋或路過的行人。而是所有東西的上半部。從我平常所坐的沙發位置上，映入眼簾的完全是一片春日時光樹木冒長的綠意！

這個「新」景觀好迷人。我看到此前從未留意過的遠方樹林。樹木看起來好近，就

像我們的野蘋果樹在等待第一波暖意，然後最終都冒出綠葉來。流動的綠色、紅棕色、粉紅色、紅色掩掩映映、層層疊疊。

由於在林木的枝椏間透出了些微的天空，使我看見樹木迎風婆娑起舞的俏麗景色！可見那兒正進行著一場壯麗的派對。

一件與你正面相視的美的事物是什麼？你曾留意過某個始終在那兒，某個你之前未曾注意的事物嗎？

請留意它吧！

細微的調校

本書已經介紹過的四組句子，目的是為了召喚單純、平撫心靈。每一組都伴隨相應的簡單冥想法。

在此，將這四組句子列成表。當它們一起出現時，宛如一束華美的花卉，不是嗎？

第一組	第二組	第三組	第四組
我已經夠好	我選擇放輕鬆	我安於此刻	我在平靜中休息
我什麼也不缺	我選擇平和	我就是當下	我在覺醒的意識中休息
一切都已足夠	我選擇喜樂	我接納	我休息
		我開放自己	

這些句子同時也有多種用途。除了所建議的每日練習之外，你還可以運用這一系列句子的任一句，來處理一項難題或某個使你壓力沉重的情境。

以下是有關新應用方式的幾個例子：

1. **執迷**：如果你要清理在情感上重度依戀的衣櫥，或是帶了一箱東西要去託售商店寄賣，那麼第一組句子（「我已經夠好」、「我什麼也不缺」、「一切都已足夠」）有助於軟化你的執念，讓你下決心放手。
2. **被壓垮**：如果你感到煩惱、匆忙或壓力過大，你可以使用第二組句子（「我選擇放輕鬆」、「我選擇平和」、「我選擇喜樂」），或只是用「我選擇放輕鬆」這一句，就可助你一臂之力。
3. **沒耐性**：如果你塞在車陣中，或在人龍之中排著隊，或等待誤點的班機，或焦慮地等著醫師告訴你診斷結果，你可以選擇第三組句子（「我安於此刻」、「我就是當下」、「我接納」、「我開放自己」）。請留意呼吸狀況。

4.思緒困頓：第四組句子（「我在平靜中休息」、「我在覺醒的意識中休息」、「我休息」）在你練習瑜伽或太極拳、在林中散步，或是有入睡困擾時，特別有效果。你也可以使用這一組句子來清理心靈頻道，好讓你在寫作、音樂、藝術等領域上靈感大發。

假使這些句子沒有一個可以對應你眼下的處境或是啟發你，或許十九世紀的著名哲學家愛默生的教導，將有助於你揭開自己的咒語祕密：

> 我們每個人都會獲得指引，只要謙卑地傾聽，我們將聽聞正確的話語……沉浸在淌入你生命內裡的力量與智慧之流中，你不費絲毫力氣就被推促到真理……與完美的知足面前。

存在有不可勝數的方式來微調你的清理實踐。每一刻都是新契機。在清理旅程上，如果某個作法對你行不通，那就改弦易轍、重新調校。聚焦在真正能提振你的精神、減輕你的負荷的事物之上。

清理練習

微調

從軟化你的凝視目光做起，並開放你的心指引你朝向上述那四組句子中，任一個字眼、任一個句子或成組的句子前進，或是朝向你自己編造的句子也行。當你簡單地置身在一個字詞或句子的律動中，讓自己隨它波動，留意有何情況發生。它將帶領你至何方？而那感覺起來如何？

如果這些句子個個都對你噤聲，請閉上雙眼等待，直至某個詞語對你顯現為止。

接著，請嘗試底下所列出的「指導式簡單冥想法」，尤其當你感覺阻滯之時，最適合來做，然後注意有何情況發生。

指導式簡單冥想法

1. 一開始，請從與你所感受到的情感擾動保持接觸做起。或許它是一個你似乎無法解決的難題，或是似乎擺脫不了的怨恨；或是來自於某件你無法控制的事情，所導致的壓力與疲憊感受，比如熬夜陪伴生病的孩童或忍受吵鬧的鄰居、混亂的街道。
2. 選擇一組最能符合你的狀況的句子，然後閉上雙眼複誦那一組句子，持續五至二十分鐘，或者任何時候只要你想到，張著眼睛進行也可以。

3. 留意你之後的感受。留意你的身體、思緒與任何浮現出來的額外情感天氣擾動。
4. 進行微調。你所承受的壓力還是如同之前一樣強烈嗎？你有接收到任何你先前沒有的領悟嗎？

清理日記

在你的日記上，花幾分鐘的時間思考，看到你的生活中，出現新事物的感覺如何，並反省在微調你的清理練習方式後，你的體驗如何發生改變。

◎一件（我之前沒有留意到的）美的事物，現在正凝視著我，它是＿＿＿＿＿＿

◎當我把注意力放在美感事物上，我感覺＿＿＿＿＿＿

◎在進行指導式冥想法之前，我感覺＿＿＿＿＿＿

（而進行之後，我感覺＿＿＿＿＿＿）

◎我可以在生活中培養更多單純與美感的方法，包括有＿＿＿＿＿＿

◎對我來說，「觀看」與「凝視」之間的差異是＿＿＿＿＿＿

49 加入他人

你無法獨自一個人成長。

——凱薩琳．伍德沃得．湯瑪斯與克萊爾．扎米特

討論清理……即是清理

「團體圈子」，就定義而言，就是圍出一個空間。它是非線性的、神祕的、有生產性的。加入願意參加且不在乎要獲得特殊成果的心態開明的人，你的圈子就會成為一個適宜清理混亂，既安全又有改革能力的媒介物。

這即是我成立傾聽團體的用意；參加者主要為女性，每週聚會一次，持續六週，共同分享他們在清理混亂上的成功與挑戰的經驗。有時候，在我們的聚會上，可以聽見許多生動故事、解脫經驗與笑聲。有時候，我們的討論揭露出更深層的情感天氣模式，其中一些說法可能如下所示：

◎我喪失了我的自我意識。
◎混亂在我身體裡面，在無盡的時間中，在行程表裡……
◎我發現我會清理兒子或女兒的書架，但卻迴避整理自己的書架。
◎「我選擇放輕鬆」這個句子，讓我起雞皮疙瘩。
◎我好羨慕有能力把事情完成的人。
◎在「我裡面」有很響的聲音喊著「讓我出來」！

而有時候，我們只是安靜坐著，等待什麼事情發生——我們只是觀察著那是怎樣的感覺。

無論引發了什麼事件，有一件事幾乎始終是確定的：我們在離開聚會時，經常都感覺自己更輕盈，完全不用動手清理家裡，就達到這樣的效果！經過這些年在清理戰壕中的工作經驗後，我可以毫不遲疑地說，參與在其他具有同情品質的人之中，會迅速增加你可能抖落的可見與不可見的包袱。

見證即清理

讓清理團體作法突出於混亂清理的單人取徑特點是，他人的見證過程對擺脫占有模式所起的效用。團體圈子這個安全的「容器」，可以容許與招引成員說出任何事情，而且不會妄加論斷。任何吐露的話語都不需要合乎情理，或要有什麼意義才是有價值、有力量的。只要遵守簡單的場地規則（比如：「我們來這裡並非為了解決什麼事情或誰的問題」；「我們所分享的事情，事後不向外人提起」等），就可以暢所欲言。

參與者發現，他們的傷痛或羞恥，他們的恐懼或寂寞，並非他們所獨有。他們明瞭每個人都有自己獨特品種的緊抓不放的東西：比如，個人的尷尬故事、亂糟糟的小缺點與小題大作的波折、愚蠢的怪癖、黑暗的祕密等。具有深度的理解有助於每個人走出困局、更常發笑，並朝前步入神奇的寬闊之境——只要說出我們的真相，就會自然浮現出來的心境。

如果這聽起來很棒，那是因為它果真如此！而且做起來毫不費力。如果你已經是某個讀書會或互助團體的成員，可以考慮附帶展開一個為期六週（或六個月）的清理談話會。或者，你可以邀請一位或多位你感覺最值得信賴的友人，合組一個團體，如果他們有興趣加入你一起進行清理探險的話。

然後設定日期與時間，選定場地，每次聚會大約花上兩個鐘頭。最重要地，要玩得開心！

成立屬於你的清理團體

在你的生活中，你可以想到有誰想要加入你，一起進行有關清理、慢活與化繁為簡的追尋？你是否已經是某個讀書會、姊妹會、教會團契、園藝俱樂部、慈善縫紉會、撲克牌之夜等團體的成員了？我想，在你的生活中，肯定有人願意跟你一起走上這趟旅程——即使那個人只有一位，而且還住在天涯海角！現在透過網路電話與Skype通訊軟體，人住在哪裡根本就無關緊要。

要展開一個清理互助團體的運作，也是輕而易舉之事：所有你成立與維繫團體的步驟方法，以及六個聚會議題範本，皆清楚寫在附錄二與附錄三。我所提示的指導原則很容易進行調整，以因應任何大小團體或時間表的需要。

你覺得怎麼樣呢？如果這個方法有任何一點聽起來很吸引人，那就試看看吧！屆時你將驚喜連連。

清理練習

尋找同伴

列出一至五人的清單；這些人是你想像可以一起組成清理團體的候選人。使用在附錄中所列出的步驟，一步步來進行。留意自己在張羅這些事情時，所產生的任何抗拒。

清理日記

請使用這個空間進行腦力激盪，思考成立清理團體的可能性，以及阻礙你進行的任何抗拒行為與恐懼。

◎最讓我有安全感，而且可能有興趣參與我的計畫的人（朋友、同事、親戚），包括有______

◎對我來說，宣布要成立一個團體這件事，很安全又容易，因為______（請留意恐懼的情緒，並指認它）

◎參與在他人之中，將把我的清理提升到一個全新境界，因為______（請留意你的抗拒；如果它顯現在你的身體上，請指認它）

◎我最深的渴望是______

50 檢討與評估

生命的目的，是忘卻所習得之事與憶起所遺忘之事。

——蘇菲智者格言

所以……現在進行得如何？

想當然爾，成功的清理有明顯可察的外在線索：書架變得比較空、電子郵件收件匣留下更多的空白空間、出現新的興趣愛好、有新的工作機會。然而，內在的指標該如何來談呢？當下一次家庭聚會到來時，你可以真正展現怎樣的空闊心境、客觀抽離與活在當下？面對孩子病得愈來愈重，你會如何反應？你能夠安度生活起伏，卻不會因此經常心生波瀾嗎？

清理對人有一個奇怪的作用。當我們拋開對於事物與結果的執念，而且愈來愈不會被觸怒之後，**我們就忘了曾經有過這樣的弱點**！也許很難相信，不過這是事實。

自從你開始研讀本書以來，在你的住家或生活之中，是否經歷過什麼轉變或正向變化？如果你連一個也想不起來，或許以下問題有助於喚醒你的意識。

◎你有感覺比較輕盈、比較平靜嗎？

◎你有留意自己更常進行清理，或更有清理與收拾的動力嗎？

◎你的住家或公寓有感覺更寬敞嗎？或是更狹窄？或有什麼不一樣？

◎在過去這個月，你有吸引到任何（正面或負面）的機會或人際關係嗎？

◎你有注意到，在你的健康狀態、睡眠模式與飲食形態上，有任何改變嗎？

◎你有注意到你與某位家人之間的關係，有任何改變嗎？

◎你有意識到自己在嗅覺（味覺、觸覺、視覺、聽覺與直覺）上，變敏感或是變遲鈍嗎？

◎你能夠更客觀看待情感天氣的擾動，而不是身陷風暴當中嗎？

◎你有更常發笑、更開心、更感覺能浸淫在生活之中嗎？

◎你有經歷到任何有趣的巧合、夢境、知覺改變，或接收到什麼啟示嗎？

先不要判斷任何的轉變是「好」或「壞」，請牢記，從一個比較大的格局來看，清理任何東西，無論大小，都事涉打開通往那個單純、輕盈、閃亮、清明的世界之通道。雖然我們的自我會關心自我舒適與否問題，但是靈魂並不在乎。它的唯一目的是協助我們進化。

清理練習

用心檢討

這個練習是請你反省清理之旅迄今所經歷的轉變。

清理日記

在你寫日記時，請思考，為了自己的心境可以更清明空闊，你所要設定的某些意向與目標，而且力求清晰準確。

◎自從我認真展開清理作業，我所經歷的某些清明的微光與轉變是＿＿＿＿＿＿

◎在這趟旅程上，我遭遇了某些愉快與不那麼愉快的結果，包括有＿＿＿＿＿＿（而我的應對方式，包括有＿＿＿＿＿＿）

◎我所經歷的其他轉變、夢境、巧合、頓悟，包括有＿＿＿＿＿＿

◎我最大的出神或頓悟經驗是＿＿＿＿＿＿

◎從今天起，我的目標是＿＿＿＿＿＿

51 做大夢

切記，通往聖殿的入口大門就在你內心裡面。

——魯米

我還能再說些什麼。我是位老師；我喜歡以最簡潔、最單純的方式來理解事情。如果我的理解有助於你看清你向來的模樣，以及我們在實踐所有這些清理作業後將步向何方，那麼請你看一下底下這張表。這個表格的標題稱為「混亂清理的典範移轉」。表格下欄的內容，相較於你的世界觀，有何異同？更重要的是，它讓你感覺如何？

混亂清理的典範移轉

混亂與清理：舊觀點	混亂與清理：新觀點
1. 混亂是固狀物：有形並可見。	1. 混亂是阻滯的能量，首先呈現為思緒、字詞與行為。
2. 混亂與我們有別。	2. 混亂是我們的延伸。
3. 混亂如雜草蔓長。	3. 混亂是人們意識不明所致生的結果。
4. 混亂是不好的，是討人厭的東西，是讓人引以為恥之物。	4. 混亂是老師；它反映出我們心中尚未去愛與療癒的部分。
5. 清理是線性過程。	5. 清理是一趟旅程。
6. 清理是衝破抗拒與「丟棄東西」。	6. 清理是軟化抗拒與「放手」。
7. 清理是機械的、煩悶的操作。	7. 清理是有意識的實踐。
8. 清理事涉做出改變。	8. 清理事涉開放改變。
9. 清理可以用來埋藏與否認我們的情緒。	9. 清理可以用來開放與體驗我們的情緒。
10. 清理開出一條通往前門的路徑。	10. 清理開出一條通往最空闊自我的路徑：通向同情之心。

清理練習

朝向空闊心境的擴展

請準備一張書籤或紙片，遮住上述的表格，然後慢慢往左挪動，一次同時露出兩欄各一條文字。當你慢慢閱讀，注意自己的感受，留意哪一個概念與句子最能引起你的共鳴，或對你來說最醒目，而哪一個則否。

清理日記

請使用這個空間來反省你已經改變或尚未改變的面向。

◎表格中有一些概念真的讓我很有同感，包括有＿＿＿＿＿＿

◎有一些概念，我還是無法掌握（讓我頭暈，使我不舒服），這包括有＿＿＿＿＿＿

◎從展開清理之旅後，我感覺我已經改變的一些面向，包括有＿＿＿＿＿＿

52 重新開始

會來到這樣的時機，你相信一切已告終結。但那將只是開端。

——路易・拉慕爾（Louis L'Amour）

去年的除夕夜，我在自己的臉書上貼了這段文字：「每一刻都是快樂新年，請盡情享受！」

某個人回應寫道：「聽起來好酷……又是個重新開始的新機會。我希望這次可以做對的事。」

我回覆他說：「你說『做對的事』，暗示你現在沒做對——但是當你活在當下，就不會存在有這樣的概念。我認為，當你與『當下這一刻』共存，你就會金光閃閃。祝你快樂地重新開始，每分每秒都是重新出發的新契機！」

在談論心境的空闊性上，想要把事情做對的想法，不過是心中的小猴子又再跑出來亂而已，因為牠不喜歡某事，對某事執迷，或念念不忘來自過去的某事。然而，唯一真實——真正具有生動活力——的事情，只出現在當下這一刻。

假使直到本書最後這一章，你還不明白此中真意，那麼這裡提供一個即時新消息：清理之旅從未有結束的一天；它只會變得更豐富、更有活力、更有趣！

請牢記，並非清理的工作量，而是持續性，才是你掌握自由與不斷蛻變之鑰。

清理練習

反芻

請閱讀在第六篇摘要之後的文章〈持續的旅程：十真相與十祕訣〉。請準備一張書籤或紙片，遮住其中一欄的表格，一次只露出一條文字閱讀。請先讀「十真相」。然後以同樣的方式，閱讀「十祕訣」。

請留意最引起你共鳴的文字，以及最讓你反感的文字。

與讓你反感的那些文字作朋友；它們是你的老師。

清理日記

請利用這個空間，來探討你有或沒有共鳴的「真相」與「祕訣」，並建立自己的真相與祕訣清單。

◎我最有共鳴的真相與祕訣，包括有＿＿＿＿＿＿（原因是＿＿＿＿＿＿）

◎讓我最反感的真相與祕訣是＿＿＿＿＿＿（原因是＿＿＿＿＿＿）

◎對我來說，去相信＿＿＿＿＿＿（請填入表格中讓你最反感的一項真相或祕訣；並指認與感受它所引發的情感天氣），並不成問題，因為＿＿＿＿＿＿

◎對我來說，我所相信的真相是＿＿＿＿＿＿

◎對我來說，我相信能使我持續獲得成功的祕訣是＿＿＿＿＿＿

智慧

◎在清理實踐上，經過一段緊繃的時期後，隨之而來會有鬆弛的時期，這是正常的。

◎清理我們的壓力模式，會揭開我們此前甚至無法感受到、更加緊抱不放的深層心理難題。這是把它稱為「成長之痛」的原因。

◎帶著有意識的客觀抽離態度，去感受好／壞／或其他什麼情緒，即是清理。

◎在清理上，存在著過渡期這樣的時間點，會帶領我們進到自身之內的全新意識層次之中。

◎意向、行動、非認同與同情，是培育清爽住家與寬闊生活的四條途徑；唯有將這四項原則整合為一體來應用與實踐，清理才可長可久。

◎在他人在場（見證）之下，談論與傾聽清理經驗，即是清理。

◎清理團體可以快速減少個人與集體的壓力負荷。

◎並非清理的工作量，而是持續性，才是自由與不斷蛻變之鑰。

◎清理之旅從未有結束的一天；它只會變得更豐富、更有活力、更有趣！

持續的旅程：十真相與十祕訣

我決定重新開始，剝除我被教導的一切。

——喬治亞・歐姬芙（Georgia O' Keeffe）

由於清理的特性是持續地發展與揭露，所以我邀請你來經常重讀本書。每讀過一次，都會變得與之前不同。你可能會明白之前忽略的某個概念；可能注意到，之前掌握不到的某些練習或日記的沉思，現在了解更多其中含意。請使用本書作為微調與加強你的練習之用；如果能夠為你發光、傳遞給你那些驚喜時刻，本書的寫作也就有價值了。也請使用本書來引導與支持你，即使你的心境已經更無塵埃了！把它想作是一處平安可靠的天堂，一條通往你的自我的康莊大道。

儘管如此，還是切記本書中的練習與工具都只是個媒介而已。它最終並不會取代你的深層智慧；你將依你自己的真實體驗來認識與行動。它也不會取代你的感受能力；唯有你才知道什麼對你是充滿生氣與熱力的事物。如同老子早在西元前五百六十五年所寫下的：

為學日益，為道日損。損之又損，以至於無為。無為而無不為。

別忘了要以開心的態度來行事！

我留給你兩份摘要：其一是有關清理之旅的十個真相，其二是讓你持續獲得成功的十個祕訣。你可以把它影印下來，放在經常可以看見的地方，好讓這兩則短文為你照亮前路。

清理之旅的十真相	永保成功的十祕訣
1. 事物變動不居。	1. 一切以簡單為上。
2. 事物並非總是如其表面所見。	2. 慢慢來，但持續做。
3. 有些事情無法以理性去理解。	3. 尊重你的侷限，溫柔待己，只做感覺對的事情。
4. 身體知道一切。請信任它。	4. 拋開對事情結果的執念。
5. 每一刻都是放手的好機會。	5. 時時感恩。
6. 沒有什麼工作是微不足道的。	6. 旁觀自己的情感天氣擾動；觀察與諦聽，並停下來感受。
7. 清理混亂可以騰出空間，給予新事物進入我們的生活。	7. 以客觀抽離的態度，留心並注意你所吸引而來的事物。
8. 清理混亂可以照亮我們一直藏在暗處的事物。	8. 召喚驚奇而非憂慮，來進入你的生活之中。
9. 「內在」的空間，可以轉譯為「外在」的空間。	9. 別對待自己太嚴厲。
10. 不可能會有產生失敗的機會。	10. 飲用大量的水，保持呼吸的韻律。

附錄一

清理計畫——每週學習單

第＿＿＿＿週，日期＿＿＿＿

本週每日任務——從以下四項工具中分別選取至少一樣進行練習。

1. 意向：為了擺脫壓力、平撫心靈與集中自我，本週每日各一次，我將盡我所能練習「軟化態度法」（四組句子）＿＿＿＿（請填入一句或多句），每次＿＿＿＿分鐘。
2. 行動：我本週每日將進行**清掃**、**收拾**、**兜攏**、**清潔**、**清理**（請圈選一樣），或者處理一**樣物件**、一**堆東西**、一**個區域**、一**個考驗耐性的小麻煩**、一**項難題**＿＿＿＿（請指明一樣工作內容）。
3. 非認同：我將留意種種「應該這樣、應該那樣」的指令，如＿＿＿＿；

我將有意識地以「**這是……**」的句子來重構不愉快與負面的經驗；我將盡可能經常記得停下來感受一番，並盡我所能開放任何情感天氣擾動自然生發，而且不把它放在心上。

4. 同情：我將做＿＿＿＿＿＿（請填寫要做的內容），來支持自己、放鬆心情，並讓自己感覺良好；本週每日我將練習「地板姿勢」。

本週一次任務——在需要時進行填寫，或在事情完成後打一個鉤。

□ 1. 處理考驗耐性的麻煩事：

□ 2. 記錄情緒、轉變、巧合、夢境、頓悟

□ 3. 製作下週的計畫（請填寫在新的學習單上）

□ 4. 其他事項——我在本週將補充以下的額外清理工作或練習：

請在以下表格內填入你所選擇進行的目標任務，並在完成後打一個鉤。

我的清理計畫

每日任務	星期一	星期二	星期三	星期四	星期五	星期六	星期日
意向							
行動							
非認同							
同情							
飲水 以盎司或以幾杯計							

附錄二

清理團體——成立與維繫清理互助團體的步驟

成立一個「清理圈子」，是著眼於團體的經驗；而以「清理日記」為中心的作法，則是偏重單人實作的歷程。成立清理圈子的指導原則有下列諸項，本文將一一詳述：

◎團體籌備
◎「場地規則」範本
◎「暖身聚會——組織團體的運作」範本
◎「後續聚會」範本
◎成功的祕訣

為了了解清理團體的定義與它如何（非常）有助於支持你的清理活動，請參閱第四十九章〈加入他人〉。

而讓你參考使用的六個聚會議題範本，請翻至附錄三。

團體籌備

去思考有哪些人，你可以想像一起共度六至十二週的時間，共同朝著培養清爽住家與空闊生活的目標而努力，人數為一至六名。只鎖定善於傾聽、你百分之百信任的人來挑選。可能會使你感覺不自在或不舒服的友人或親近的家人，就不予考慮。想確定人選適不適合，可以自問：我跟這個人在一起時，可以完全放得開嗎？我可以在她／他面前哭泣、大笑與分享某些我最尷尬的事情嗎？在你開始清理混亂之時，你可以把這個團體想成是你的回音板、證人或鏡子。

挑選一個人作為聚會的主持人、計時員與協調者；如果看起來合適的話，也可以由成員輪流擔任。設定固定聚會的時段：每週一次、每兩週一次或一個月一次，為期六至十二週不等。當聚會整個結束之後，你們可以進行評估是否重新再進行一遍；如果你們願意的話，也可以多增加幾週。如果親自到場參加不可行，可以藉由講電話，或舉行多方電話會議，或利用Skype通訊軟體來進行。由於團體的成功與否，取決於每個成員承諾參與、同意持續幾週固定會面，並決定成為團體的一員，所以如果有需要的話，可以給缺席者設下罰則。

依照團體的人數多寡，每次聚會的時間長度可從最少九十分鐘至兩小時不等。在首次的暖身晚會，可以讓成員彼此認識、分享參加動機，並重溫場地規則，宣布第一次的指定作業（請參考底下所概述的「暖身聚會」範本）。這個指定作業可以是購買本書，並在正式聚會開始之前先行閱讀。

在附錄三中，有六個聚會議題範本，很適合採用來作為每週或每月聚會使用。如果範本所建議的閱讀分量與要完成的工作，對你們似乎過多的話，就縮減它。

「場地規則」範本

請大聲朗讀這個範本，確定團體成員都同意這些內容；可以自由進行任何修改，以符合實際需要。

◎**傾聽**：這是一個傾聽團體，而非提供諮詢或建議的會議；我們聚在此地並非為了解決什麼事情或誰的什麼問題。

◎**旁觀**：我們在這裡只是分享我們的成功與挑戰的故事，並藉由冷靜旁觀與不認同所可能引發的情感天氣形態，來提供彼此支持。

◎**克制**：為了給彼此保留空間，我們將盡其所能避免插話與隨意批評。

◎**保密**：我們在此地所談的一切內容，必須嚴格保密。

◎**發言**：每次聚會一開始，我們會全部輪流一次，給每個人機會做簡短的發言，但也可以選擇不說。我們將盡其所能講述自己的切身經驗；我們將使用第一人稱單數「我」來陳述我們的感受。分享經驗的人會握著一根「發言棒」或其他物件，這意謂著他擁有發言權。而當發言棒放回圈子中心時，意謂著當事人已經說完話，其他人可以自由發言。

◎**出席**：為了建立一個讓每個人感到安全的「容器」，我們會出席所有聚會，除非是某些可以斟酌的情況。（請注意：清楚說明可以允許哪些例外狀況，會比較好，而對於多次缺席的人，可以設下罰則。）

◎**準時**：出於尊重團體成員，我們將盡其所能讓聚會準時開始與結束。

◎**靜默**：如果沒有人要發言，我們會靜靜坐著，一邊留意時程表在這個階段中所分配的時間。

◎**計時**：如果有需要的話，我們會使用手表或碼表，好讓分享與討論順利進行。

「暖身聚會——組織團體的運作」範本

所有人圍坐成一圈；圓圈可以促進傾聽與療癒。如果你是聚會的主持人或協調者，請以歡迎話語揭開聚會序幕；如果你願意的話，加上一段發人深省的引言也可以。請朗讀上述的場地規則範本或是你們的修訂版本。你也可以大聲讀出在〈持續的旅程〉一文中所列出的「清理之旅的十真相」與「永保成功的十祕訣」。

在你們建立了場地規則，並為你們的團體定下基調之後，就開始第一輪的分享談話；請利用底下列出的三個提示（或其他修改版本也可以）與使用「發言棒」。請注意，這個部分的分享談話可能會引起某些情感天氣擾動。

1. 我為何來這裡？
2. 對我來說，混亂代表何物？它如何顯現在我的生活中？它帶給我怎樣的感覺？
3. 我希望來這個聚會可以獲得怎樣的結果？

在暖身聚會上，請花上大部分的時間來探討你們的希望、恐懼、挑戰與意圖；切記尊重你們業已建立的場地規則。

每個人都談過一輪後，接著討論聚會的組織實務工作。思考合理的時間架構，比如：總共進行幾週、每次的時間長度；以及主持人的指派、場地是否要輪替不同地方等。

設定下次聚會的日期、時間與地點，並從「第一週議題範本」（參見附錄三）上，提醒下回聚會的活動主題。

請以讚賞的話語、體悟的感言與／或一段發人深省的引言，來為本次聚會畫下「積極正面」的句點。或者，你也可以朗讀「十真相」與「十祕訣」作為結語，如果之前沒有讀的話。

「後續聚會」範本

以歡迎話語、一段鼓舞人心的引言或感謝詞，來作為開場白。如果需要的話，複習一遍場地規則。可以考慮以一組「軟化態度法」作為起始活動。這些冥想法是有助於平靜心靈與定下基調的好方法。

緊接著，請每個人輪流簡短發言。沿著圈子，一個接一個邀請成員分享在過去一週或一個月期間，所出現的任何事情。請注意，若出現插話與隨意批評，這可能是引發某種神經質喋喋不休（情感天氣擾動）的徵兆。如果你是該次聚會的主持人／協調者，出現這種情況時，請溫和地把成員重新帶回正軌，並提醒他們，只有在手中握有「發言棒」時，才可以講話。

在每個人都輪流發言一次之後，你可以重新再輪流給每個人做一回經驗分享，或者開始在團體裡討論本次中心主題，以及在議題範本上所列出的那些問題。

在前幾週的討論時間中，可以複習本書第四十六章中的「成長之痛」與「清理之旅的路標」等內容。詢問是否有人經驗到任何的清理副作用，諸如：疲倦、悶悶不樂、健忘、意識模糊、過度亢奮或出現強迫性行為等。你也可以討論那些能夠有效緩解不適、遲鈍等的策略。（請注意：這是清理之旅的一個重要面向；它能帶給我們機會去清理更多的情感天氣擾動。）

在聚會接近尾聲之前，可以談論下一週（或下個月）的目標與任務。如果合適的話，請使用清理計畫學習單（參見附錄一）來協助聚焦與管理工作的負荷量。

決定下回聚會的日期、時間與地點。

結束時，請每個人分享簡短的一句話，談談他們此刻的感受。如果還有一點額外時間的話，可以考慮以一個「簡單冥想法」來作為收尾活動。

成功的祕訣

為了使你參與清理團體的經驗可以收穫更多，我邀請你來思考以下三個關鍵重點：

1. **遵守場地規則**。在所有成員之間創造受到重視的信賴感，將營造出保證你們成功的最重要因素——安全感——的產生。當我們有安全感，就更可能看開與放手。
2. **容許靜默無言的時刻**。靜默可以產生感受的契機；不要害怕它的到來！
3. **讓神祕存在**。把這場團體經驗看作是你的越野旅行，將帶你深入心靈祕境。事情的答案，不會是對或錯的分別。沒有人能夠預測或知道將發生何事。然而，任何事都可能發生。

附錄三

清理團體——六個聚會議題範本

由於混亂（與有關混亂的談話）可以神出鬼沒觸怒我們，以及讓我們偏離航道，所以我寫下六個聚會議題範本，好讓你用來協助你的團體保持活力與完美運作。

請注意：有關如何啟動與維繫成功的清理互助團體的方法，請參考附錄二，其中有按部就班的指導步驟。

第一次聚會——覺醒

本次團體討論：在團體成員都讀過本書第一篇的內容之後，使用本議題範本。請完成下述議題的討論；當時間與精力許可，可以再添加其他議題。

1. **啟動**（僅限本次）

◎自我介紹，解釋參加的原因，以及你希望從參加這個團體獲得什麼收穫。（參見附錄二中的「暖身聚會——組織團體的運作」。）

2. **描述**

◎「空闊的心境」對你意謂為何？它如何顯現在你的生活中？它讓你感覺如何？

◎你有過的放手經驗？你對此有何感受？

3. **分享**

◎身體給你回饋的方式為何？在你的五官與直覺等六種感覺方式中，你傾向於最常運用何種？

◎某些你接收你的直覺或內在指引的方式；你知道自己所接收的訊息是真實可靠的原因。

◎處於「與未知同遊」的狀況時，感受如何？

4. **討論主題**

◎請利用第一篇篇末的摘要，來引導進一步的討論（如果時間允許的話）。

5. **計畫下次聚會**

◎包括：組織實務工作、時間與地點。

第二次聚會——意向

本次團體討論：在團體成員都讀過本書第二篇的內容之後，使用本議題範本。請完成下述議題的討論；當時間與精力許可，可以再添加其他議題。

1. **列舉驚喜與波折**

◎你所經驗到的巧合、轉變或頓悟。

◎在你使用本書進行操練時，所注意到的任何「情感天氣擾動」。

2. **描述**

◎去說「我所需要的一切都已經備妥」，感受如何？

◎去說「不用我花力氣，事情就順利進行」，感受如何（是否與上一句所引起的感覺有所不同）？

◎去說「天地是一個中立場域，只會對我的注意焦點有所回應」，對你意謂為何？

3. **分享**

◎如何設定意向，讓你的生活有所改變（比如，如果你一心一意想要有個停車位空出來給你，你總是可以如願嗎？）

◎你個人行使「想像的行動」的方法清單。

◎表達感恩，讓你感受如何？在你更經常表達感恩的態度後，你留意到生活中出現了什麼轉變與契機？

◎你所偏愛的放手儀式為何？而在實施後的感受如何？

◎在你練習「簡單冥想法之一——足夠」後，感受如何？

4. **討論主題**

◎請利用第二篇篇末的摘要，來引導進一步的討論（如果時間允許的話）。

5. **計畫下次聚會**

◎包括：組織實務工作、時間與地點。

第三次聚會——行動

本次團體討論：在團體成員都讀過本書第三篇的內容之後，使用本議題範本。請完成下述議題的討論；當時間與精力許可，可以再添加其他議題。

1. **列舉驚喜與波折**

◎你所經驗到的巧合、轉變或頓悟。

◎在你使用本書進行操練時，所注意到的任何「情感天氣模式」。

2. **描述**

◎去說「我禮讚並看重我的東西」，感受如何？

◎去說「我禮讚並看重我自己」，感受如何（是否與上一句所引起的感覺有所不同）？

◎去說「對我而言，放慢腳步慢慢來，並不成問題」，感受如何？

3. **分享**

◎收拾同一樣物件、整理同一個區域，或每天打掃，你的感受如何？

◎會引起抗拒的清理工作為何？可能會使你的抗拒增強的念頭為何？

◎在採取「簡化與重複法」進行清理（包括有形雜物與你想改變的行為）之後，若有引發任何效應，請詳述。

◎在你練習「簡單冥想法之二——放輕鬆」之後，感受如何？

◎發表你的「考驗耐性小麻煩」清單（比如，家事料理、個人難題，或需要修改、完成與用心注意的計畫），而在處理其中一項麻煩事時，有何情況發生？

4. **討論主題**

◎請利用第三篇篇末的摘要，來引導進一步的討論（如果時間允許的話）。

5. **計畫下次聚會**

◎包括：組織實務工作、時間與地點。

第四次聚會——非認同

本次團體討論：在團體成員都讀過本書第四篇的內容之後，使用本議題範本。請完成下述議題的討論；當時間與精力許可，可以再添加其他議題。

1. **列舉驚喜與波折**

◎你所經驗到的巧合、轉變或頓悟。

◎在你使用本書進行操練時，所注意到的任何「情感天氣模式」。

2. **描述**

◎去說「我的故事不是在講我，我所經歷的波折都不是我」，感受如何？

◎去說「我可以包容我的混亂」，感受如何（是否與上一句所引起的感覺有所不同）？

3. **分享**

◎所謂「拔掉插頭」意謂為何？你如何知道自己已經成功做到？

◎舉出你成功地從事情結果中抽離出來的例子，並說明感受如何？

◎「傾身」去感受身體的疼痛或某個難解的情感處境，會讓你有何感覺？而採取這種反直覺的作法，是否有抒解不適？

◎在你練習「簡單冥想法之三——開放自己」之後，感受如何？

4. **討論主題**

◎請利用第四篇篇末的摘要，來引導進一步的討論（如果時間允許的話）。

5. **計畫下次聚會**

◎包括：組織實務工作、時間與地點。

第五次聚會——同情

本次團體討論：在團體成員都讀過本書第五篇的內容之後，使用本議題範本。請完成下述議題的討論；當時間與精力許可，可以再添加其他議題。

1. **列舉驚喜與波折**

◎你所經驗到的巧合、轉變或頓悟。

◎在你使用本書進行操練時，所注意到的任何「情感天氣模式」。

2. **描述**

◎去說「我深深地、完整地接納自己」，感受如何？

◎去說「歡愉是我與生俱來的權利」，感受如何（是否與上一句所引起的感覺有所不同）？

3. **分享**

◎本週你做了哪些滋養與疼惜自己的事情？它有多容易或多困難？

◎你可能抗拒做疼惜自己的事情，理由為何？

◎每天操練「地板姿勢」，感受如何？

◎跟自己單獨出門約會的感受如何？你選擇與自己從事的活動為何？請詳述理由。

◎你開放自己去體驗純粹喜悅的方法清單。

◎可以讓你放聲大笑的事物清單（比如，好笑的電影、書籍、笑話等）。

◎在你練習「簡單冥想法之四——休息」之後，感受如何？

4. **討論主題**

◎請利用第五篇篇末的摘要，來引導進一步的討論（如果時間允許的話）。

5. **計畫下次聚會**

◎包括：組織實務工作、時間與地點。

第六次聚會——智慧

本次團體討論：在團體成員都讀過本書第六篇的內容之後，使用本議題範本。請完成下述議題的討論；當時間與精力許可，可以再添加其他議題。

1. **列舉驚喜與波折**

◎你所經驗到的巧合、轉變或頓悟。

◎在你使用本書進行操練時，所注意到的任何「情感天氣模式」。

2. **描述**

◎去說「對我而言，展現真正的自我，並不成問題」，感受如何？

◎去說「我深信我將知道自己的下一步」，感受如何？

3. **分享**

◎清理在哪些方面，業已證明比你原本以為的範疇還寬廣？

◎在採取「細水長流」作法來進行每日清理之後，若有引發任何效應，請詳述。
◎下一次當你在生活中遇見會讓你心裡受傷的人，你所準備好的應對方法為何？
◎你如何了解「你無法獨自成長」的含意？以及你在往後幾週為了尋求協助，將採取的作法。

4. **討論主題**

◎請利用第六篇篇末的摘要，來引導進一步的討論（如果時間允許的話）。

5. **計畫下次聚會**

◎包括：組織實務工作、時間與地點。

延伸閱讀

書籍與文章

Beattie, Melody. *The Language of Letting Go Journal: A Meditation Book and Journal for Daily Reflection*. Center City, MN: Hazelden, 2003.

Cameron, Julia. *The Artist's Way: A Spiritual Path to Higher Creativity*. New York: Jeremy P. Tarcher/Putnam, 1992.

Chödrön, Pema. *When Things Fall Apart: Heart Advice for Difficult Times*. Boston, MA: Shambhala Publications, 2002.

——. *The Places That Scare You: A Guide to Fearlessness in Difficult Times*. Chapter 22, "The In-Between State." Boston, MA: Shambhala Publications, 2005.

——. *Taking the Leap: Freeing Ourselves from Old Habits and Fears*. Boston, MA: Shambhala Publications, 2009.

Emoto, Masaru. *The Hidden Messages in Water*. Translated by David A. Thayne. Hillsboro, OR: Beyond Words Publishing, 2004.

Heider, John. *The Tao of Leadership: Lao Tzu's Tao Te Ching Adapted for a New Age*. Atlanta, GA: Humanics New Age, 1985.

Hicks, Esther, and Jerry Hicks. *Ask and It Is Given: Learning to Manifest Your Desires*. Carlsbad, CA: Hay House, 2004.

Johnson, Robert A. *Owning Your Own Shadow: Understanding the Dark Side of the Psyche*. San Francisco: HarperSanFrancisco, 1991.

Katie, Byron. *Loving What Is: Four Questions That Can Change Your Life*. New York: Harmony Books, 2002.

——. *Who Would You Be without Your Story?* Carlsbad, CA: Hay House, 2008.

Maurer, Robert. *One Small Step Can Change Your Life: The Kaizen Way*. New York: Workman, 2004.

McTaggart, Lynne. *The Field: The Quest for the Secret Force of the Universe*. New York: HarperCollins, 2002.

Naparstek, Belleruth. *Your Sixth Sense: Activating Your Psychic Potential*. San Francisco: HarperSanFrancisco, 1997.

Nhat Hanh, Thich. *Present Moment, Wonderful Moment: Mindfulness Verses for Daily Living*. Berkeley, CA: Parallax Press, 1990.

Norris, Gunilla. *Being Home: A Book of Meditations*. Photographs by Greta D. Sibley.

New York: Bell Tower, 1991.

Pert, Candace. *Molecules of Emotion: Why You Feel the Way You Feel*. New York: Scribner, 1997.

Pollan, Michael. *In Defense of Food: An Eater's Manifesto.* New York: Penguin Press, 2008.

Richardson, Cheryl. *The Art of Extreme Self-Care: Transform Your Life One Month at a Time*. Carlsbad, CA: Hay House, 2009.

Rilke, Rainer Maria. *Letters to a Young Poet*. Translated by M. D. Herter Norton. New York: W. W. Norton & Company, 1954.

Tolle, Eckhart. *The Power of Now: A Guide to Spiritual Enlightenment*. Novato, CA: New World Library, 1999.

Vienne, Vèronique. *The Art of Doing Nothing: Simple Ways to Make Time for Yourself.* Photographs by Erica Lennard. New York: C. Potter, 1998.

Ware, Bronnie, *The Top Five Regrets of the Dying: A Life Transformed by the Dearly Departing*. Carlsbad, CA: Hay House, 2012.

Yogananda, Paramahansa. *Autobiography of a Yogi.* New York: Philosophical Library, 1946.

網站隨筆與部落格貼文

"The Art of Doing Nothing," by Leo Babauta, http://zenhabits.net/the-art-of-doing-nothing/.

"The First Thing You Do When You Sit at the Computer," by Seth Godin. *Seth Godin's Blog*, http://sethgodin.typepad.com/, January 12, 2012.

Steve Jobs's Stanford University Commencement Address. June 12, 2005. Text and video, http://news.stanford.edu/news/2005/june15/jobs-061505.html/.

"Enough," by Merlin Mann, in *What Matters Now*, compiled by Seth Godin, December 2009. Free eBook at http://sethgodin.typepad.com/seths_blog/2009/12/what-matters-now-get-the-free-ebook.html/.

"Home," by Stephanie Bennett Vogt, http://www.lifebyme.com/stephanie-bennett-vogt-home/.

Stephanie Bennett Vogt's essays on simplifying, reinvention, and letting go in the *Huffington Post*, http://www.huffingtonpost.com/stephanie-bennett-vogt/.

"National Day of Unplugging: Can You Spend 24 Hours Offline?" by Margaret Wheeler. *Huffington Post*, http://www.huffingtonpost.com/2012/03/23/national-day-of-unplugging_n_1371220.html, March 23, 2012.

線上資源

Clear Your Home, Clear Your Life; twenty-eight-day online course; www.dailyom.com
Emotional Freedom Techniques; www.thetappingsolution.com
Fly Lady; a clutter-clearing website; www.flylady.net
Freecycle Network; recycle your old stuff; www.freecycle.org
Meetup; organize an online group; www.meetup.com
National Association of Professional Organizers; www.napo.net
Oprah Winfrey's Lifeclass; Oprah Winfrey Network (OWN); www.oprah.com
Reclaim Your Mailbox; www.41pounds.org
Skype; www.skype.com
Stephanie Bennett Vogt; www.spaceclear.com
Super Soul Sunday;Oprah Winfrey Network (OWN); www.oprah.com
Svaroopa Yoga; www.svaroopayoga.org
Your Spacious Self; thirty-day free email series; www.spaceclear.com/resources/free-email-series
Zen Habits; www.zenhabits.net

錄音帶、錄影帶與電影

Chödrön, Pema. *Getting Unstuck*. Audiobook. Louisville, CO: Sounds True, 2006.
Dorfman, Andrea, and Tanya Davis. *How to Be Alone*. Video. http://youtube/k7X7sZzSXYs/.
The Ellen Show. "Ellen's Favorite Moments: Meeting Gladys." Video. http://ellen.warnerbros.com/gladys_hardy/.
MacDonald, Kevin (director). *Touching the Void*. Movie starring Joe Simpson and Simon Yates, 2004. Two men's thrilling and disastrous climb of the remote and treacherous Siula Grande in Peru. An incredible account of tragedy, friendship, and human endurance.（這部影片講述兩名年輕人攀登位在祕魯境內、遙遠又危險的大希烏拉峰，所經歷既驚險又悲慘的遭遇。它不可置信地闡述了悲劇、友誼與人類韌性的意義。）
The Shadow Effect: Illuminating the Hidden Power of Your True Self. Docudrama featuring bestselling authors Debbie Ford, Deepak Chopra, Marianne Williamson, et al. June 26, 2009. http://theshadoweffect.com/.
Shadyac, Tom (director). *I AM*. Documentary featuring some of today's notable thinkers in science, philosophy, academia, and spirituality. 2010. http://www.iamthedoc.com/thefilm/.

國家圖書館出版品預行編目資料

空間與心靈的淨化整理：一天一清理,整頓空間、梳理心靈,讓人生不斷翻新的日常練習/史蒂芬妮.班內特.沃格特(Stephanie Bennett Vogt)著；沈台訓譯. -- 二版. -- 臺北市：商周出版：家庭傳媒股份有限公司城邦分公司發行, 民110.12
384面；14.8*21公分.-
譯自：Your spacious self : clear the clutter and discover who you are
ISBN 978-626-318-104-5（平裝）
1. 自我實現　　2. 人際關係
177.2　　110020349

BB7074X

空間與心靈的淨化整理：
一天一清理，整頓空間、梳理心靈，讓人生不斷翻新的日常練習

原著書名／Your Spacious Self
作　　者／史蒂芬妮・班內特・沃格特 (Stephanie Bennett Vogt)
譯　　者／沈台訓
企劃選書／何宜珍、周怡君
責任編輯／韋孟岑、曾曉鈴

版　　權／黃淑敏、吳亭儀、江欣瑜
行銷業務／黃崇華、張媖茜
總 編 輯／何宜珍
總 經 理／彭之琬
事業群總經理／黃淑貞
發 行 人／何飛鵬
法律顧問／元禾法律事務所 王子文律師
出　　版／商周出版
臺北市中山區民生東路二段141號9樓
電話：(02) 2500-7008　傳眞：(02) 2500-7759
E-mail：bwp.service@cite.com.tw
Blog：http://bwp25007008.pixnet.net./blog
發　　行／英屬蓋曼群島商家庭傳媒股份有限公司城邦分公司
臺北市104 中山區民生東路二段141號2樓
書虫客服專線：(02)2500-7718、(02) 2500-7719
服務時間：週一至週五上午09:30-12:00；下午13:30-17:00
24小時傳眞專線：(02) 2500-1990；(02) 2500-1991
劃撥帳號：19863813　戶名：書虫股份有限公司
讀者服務信箱：service@readingclub.com.tw
城邦讀書花園：www.cite.com.tw
香港發行所／城邦（香港）出版集團有限公司
香港灣仔駱克道193 號超商業中心1 樓
電話：(852) 25086231 傳眞：(852) 25789337
E-mailL：hkcite@biznetvigator.com
馬新發行所／城邦（馬新）出版集團【Cité (M) Sdn. Bhd】
41, Jalan Radin Anum, Bandar Baru Sri Petaling,
57000 Kuala Lumpur, Malaysia.
電話：(603)90578822　傳眞：(603)90576622
E-mail：cite@cite.com.my

封面設計／萬勝安
印　　刷／卡樂彩色製版印刷有限公司
經 銷 商／聯合發行股份有限公司　電話：(02)2917-8022　傳眞：(02)2911-0053

■ 2014 年（民103）01 月22 日初版
■ 2022 年（民111）12 月27 日二版2刷
定　　價／380元
ISBN 978-626-318-104-5

Beautiful Life

Beautiful Life